目标销售

基于过程管控的大客户营销

黄平 著

电子工业出版社
Publishing House of Electronics Industry
北京·BEIJING

图书在版编目（ＣＩＰ）数据

目标销售：基于过程管控的大客户营销 / 黄平著 . -- 北京 : 电子工业
出版社，2022.8
ISBN 978-7-121-44086-1

Ⅰ.①目…　Ⅱ.①黄…　Ⅲ.①企业管理－营销管理－通俗读物　Ⅳ.
① F274-49

中国版本图书馆 CIP 数据核字（2022）第 138775 号

书　　名：目标销售——基于过程管控的大客户营销
作　　者：黄　平
责任编辑：张振宇　　文字编辑：李　影
印　　刷：三河市良远印务有限公司
装　　订：三河市良远印务有限公司
出版发行：电子工业出版社
　　　　　北京市海淀区万寿路 173 信箱　　　邮编：100036
开　　本：880×1230　1/32　印张：9.375　字数：240 千字
版　　次：2022 年 8 月第 1 版
印　　次：2022 年 8 月第 1 次印刷
定　　价：78.00 元

凡所购买电子工业出版社图书有缺损问题，请向购买书店调换。若书店售缺，请与本
社发行部联系，联系及邮购电话：（010）88254888，88258888。
质量投诉请发邮件至 zlts@phei.com.cn，盗版侵权举报请发邮件至 dbqq@phei.com.cn。
本书咨询联系方式：（010）88254210，influence@phei.com.cn，微信号：yingxianglibook。

前　言

　　我是"文革"后恢复高考入学的第一批大学生,史称"七七级"。1982年,我大学毕业后进高校教了三年书,由于赶上了改革开放的大潮,勇敢地"下海",成为第一批商海的"弄潮儿",从此改变了自己的人生轨迹。

　　抚今追昔,之所以完成这样一本拙作,作为职业生涯的总结和思考,主要基于以下一些想法。

　　第一,我是国内第一批做国外工业软件的销售之一。1986年初出道,加入新加坡远东电脑公司(中国区),任销售代表,五年后任北方区总经理,持续十余年;1998年初加入美国康柏(中国)投资有限公司,任高级经理;2002年加入安托集团,任副总裁分管销售,2016年退居二线担任董事。由于一直做一线销售和销售管理工作,积累了较丰富的销售及销售管理经验，在业内还有一点发言权。

第二，我从事工业软件销售和销售管理工作几十年，基本没有离开过销售一线。我坚信，如果不做一线销售，感觉和能力就会变差，所以一直亲力亲为并承担着个人销售任务指标。随着客户对产品和解决方案的认知越发成熟，我在实践中深切感受到，好的销售打法和路径很重要，否则距离成功就会越来越远。近十多年来，我不断梳理和总结这方面的经验，对目标销售管控的认知越来越强烈，常与一些高人切磋，有了较多的心得，讨论此类问题还是有底气的。

第三，在外企做销售十几年，我有幸受到专业销售方法的训练，并在实践中不断摸索和完善。回想起来，让我受益较大的销售培训课程，是21世纪初IT行业崇尚的"大客户销售策略"培训和法国达索系统公司的"销售进程推演"培训，进一步加深了我对目标销售方法的认识。读大学时我的专业是计算数学，后来在大学当老师时讲授的课程是"计算方法"，所以我一直对方法论情有独钟。在实践中，我身先士卒，将公司沉淀多年的优质技术资源、销售经验与目标销售方法相融合，尝试着植入公司大客户销售项目的全过程。经过不断地实战检验及优化，渐渐形成了一套可落地执行的目标销售打法，帮助公司在大客户销售项目中有较多斩获。目标销售的有效性也在公司新行业业务的开拓过程中不断得到验证。

第四，我有在咨询公司担任讲师、进行大客户销售培训的经历。十几年前，我接受了一家咨询公司的邀请，有幸成为咨询公司营销策略部分的演讲人。第一次演讲结束后，十几个企业主管围住了我，他们认可我讲的内容，希望我继续协助他们做大客户销售培训。我发现营销市场急需受过正规销售训练又有一线实战经验的讲师，于是我成为了这家咨询公司市场营销方面的签约讲师。利用业余时间持续授课近两年后，由于本职工作太忙，不得不告辞，但大客户销售的培训素材存留了下来，并在后来的工作实践中不断得到积累和充实。

退居二线后，有时被朋友邀请做培训，我会根据朋友公司的具体状况认真准备课件和教案，以保证培训的质量和效果。有一次在三天培训结束后，一位受训的资深售前工程师说，听完我的课，觉得销售真的是一门学问。后来听说他转岗做了销售。此外，还有很多有经验的销售，一直与我保持良好的互动，多次建议我写一本关于大客户销售的书。我写作的念头油然而生。

第五是缘于近几年在一家SaaS咨询创业公司做营销顾问的经历和思考。在这家初创公司从事销售培训和管理时，我尝试培训那些几乎没有什么经验的销售人员：要求他们努力建立与客户的信任关系，培训后经测试，结果参差不齐；提醒他们要从客户内部找到教练（Coach），以便明确方向，但他们说找到了还是不起作用；反复重申锁定客户需求是成交的分水岭，可有些销售信誓旦旦地说，需求已锁定，但客户还是跑了；强调高层拜访是成功要务，他们说已经接触到了客户高层，可结果有时好有时不好。以上这些方法在我多年销售和销售管理中屡试不爽，为什么到他们身上就不好使了呢？问题究竟出在哪里？

静下心仔细思考，互联网咨询服务成单周期短，平均客单价低，加上投资人要求公司快速成长，不能落败，导致销售人员较为急功近利。但正因为销售成交周期短，才需要及时分析和判断问题可能出现在项目推进中的哪个阶段，设定精细化的销售打法，对销售进程进行把控。这时，销售进程中的结果导向、任务拆解、行为监测就显得尤为重要。

为此我重新梳理了以前的目标销售方法，提炼出一套基于客户旅程①的目标销售方法，集目标拆解、进程管控和效率监测三位于一体。这套方法在三年训练销售的实战过程中持续运用和不断迭代，已逐渐适应市场的变化和公司快速发展的要求，有效地帮助销售提升了项目推进的效率，并纳入该公司的CRM系统管理。2021年，在销售人员基本没有增长的情况下，

---

① 注：指客户采购行为和认知变化的全过程，通常包括调研探究、梳理需求、预估收益、评测价值、启动决策等阶段。

帮助企业销售业绩翻番。

这套目标销售方法凝结了我30多年销售和销售管理的经验。近几年从事培训工作，担任营销顾问的亲身体验，重构了我原有的知识结构，并使之逐渐完善和成型，现在，终于到了不吐不快的时候了。接下来想和大家谈谈这本书的总体思路和基本框架。

我的总体写作思路是：要从战略、战役和战术三个层面来规划每一个大客户销售项目。其中，战略是第一层面，需要有大局观、全局观和目标规划，制定销售策略，建立必胜信心；战役是第二层面，根据客户旅程，将项目进程拆解成不同的阶段，设置清晰的执行路线图，做好预案，提前部署，把控过程，确保每一场战役都获得成功；战术是第三层面，根据销售阶段设置观测和推进节点，步步为营，时时监测，"在合适的时间，找对合适的人，做好合适的事"，确保销售战役最终赢得胜利。

本书最出彩的地方在于基本框架的搭建。通过独立思考和提炼后，我总结出一套"过五关斩六将"的目标销售模式。借用中国古代这一典故，完成对解决方案销售过程的全景描述。

"过五关"是根据客户旅程的不同发展阶段，设定目标销售进程中的五个关隘，它们分别是：建立信任、锁定需求、展现价值、寻求共识和获得承诺。"斩六将"则是指在跨越五个关隘时务必关注并取得实效的六个关键节点。销售过程漫长且艰辛，要求销售在全过程中平均用力不太可能，所以要抓住关键节点，重点突破。这六个关键节点分布在第二、第三、第四个关隘中，它们分别是：佐证物料、答疑解惑、挖掘痛点、找到Coach、高层拜访和选型准则。这些要点既是我的经验之谈，也是我在几十年实战中的亲身感悟，在实践中不断加以运用并证明行之有效。

中国的改革开放和市场经济发展方兴未艾，各行各业的销售人员数以千万计，他们是市场经济中最活跃也是非常重要的组成部分，其业绩和行为直接关系到企业的生存与市场的繁荣。"不想当将军的士兵，不是一名好士兵"，不想做金牌销售的销售，也一定不是一名好销售。作为一名久经沙场的销售老兵，我希望这本拙作能够对销售人员有所启迪，助力他们在实现理想和价值的道路上更快地前进。

黄平

书于京西住宅

2022 年 4 月

目录
CONTENTS

序章

厉兵秣马　蓄势待发

武器一：销售技巧

探询比聆听更重要
摆正位置，先思后行
把握商机，先谋后动

武器二：策略销售

找对方向，积极进取
学以致用，步步为营
追求卓越，挑战自己
讲究策略，贵在执行

武器三：目标销售

产品销售与解决方案
销售的区别
目标销售及其独特价值

本章提要

　　在启动销售项目之前，如何才能做到"不打无准备之仗，不打无把握之仗"？需要了解和掌握三种武器：销售技巧、策略销售和目标销售。

　　三者的区别在于：销售技巧关注当下商机，主张学会聆听和探询，判断机会，摆正位置，先思后行；发现问题，解决问题，把当下的事尽可能做到最好。策略销售注重防患于未然，强化训练，勇于进取，做好预判和应对方案，制定销售策略。目标销售强调提升销售效率，依据客户旅程搭建合理的销售路径，设定销售阶段目标和监测手段，并注重结果。三种武器各有千秋，目标一致，可以根据客户需求的场景交叉使用。

第一节
武器一：销售技巧

教科书中经常提到，聆听比诉说更重要，但销售的任务不是去当忠实的听众，而是去捕获商机。所以，除了聆听，还要学会在聆听中适时地探询客户感兴趣的话题，形成有效沟通。

一、探询比聆听更重要

案例（1-1）：聆听与探询

35岁的乔·吉拉德从事建筑生意失败，身负巨额债务，转身做起了汽车销售。凭着执着的精神和过硬的汽车业务知识，第一天他就卖掉了一辆车，很是开心，但接下来的一次销售经历让他始料未及。

一天，一位风度翩翩的长者到访，要买一辆高档车，他被乔·吉拉德热情的态度和良好的专业知识所打动，很快进入了商务阶段。在乔·吉拉德整理签约所需的材料时，长者和他聊天，问道："你知道我为什么要买这款车吗？"乔·吉拉德

4 / **目标销售** 基于过程管控的大客户营销 /

不假思索地回答说："因为这与您的身份非常符合。"长者说："不，这是送给我儿子的礼物。"此时乔·吉拉德仍然没有停下手中的工作，随口就说："您儿子真有福气，拥有这款车是多少年轻人的梦想啊。"长者又说："你知道我为什么要送给我儿子这辆车吗？"乔·吉拉德回答说："那真不知道，莫非您是要给儿子惊喜？"长者说："不，我儿子今年从常青藤大学毕业，得到了一份很好的工作。"乔·吉拉德脱口而出："您儿子一定为有您这样的父亲而感到骄傲。"听到这句话，长者突然起身对乔·吉拉德说："年轻人，今天就到这儿吧，我现在不想买车啦！"长者的举动让乔·吉拉德猝不及防，他几乎带着哭腔问道："一定是我哪一点做得不好。如果您觉得我哪里有问题，请您指出，我一定会改正。"长者说："年轻人，你的工作做得很好。如果真想知道我为什么不在你这儿买车，三天后与我联系吧。"

三天后，乔·吉拉德找到了长者，长者解释了他不买车的原因。乔·吉拉德记住了其中最关键的一句话："其实当时，我更想与你聊聊我的儿子。"这句话点醒了他，销售不能仅靠热情和业务能力，还要察言观色，及时发现客户语言背后的心理活动，并做出正确的反应。后来，乔·吉拉德在15年销售生涯中共销售出13,001辆汽车，被《吉尼斯世界纪录大全》誉为"世界上最伟大的推销员"。

以上案例表明，在与客户的交流中聆听固然重要，但更重要的是理解客户的想法，保持与客户的深入互动。意识不到这一点，不去主动探询，继续沿着自己的思维惯性去思考和行动，便无法保证沟通的有效性。

在大客户销售过程中，有人只能看到问题的表象，有人则会通过表象看到商机。视角不同，应对方式不同，结果自然也不同。

针对客户给予的肯定和否定两种态度和场景，我们需要准确判断和正确应对，这里给出几个场景。

（一）客户肯定地说

场景一："感谢你的介绍，让我了解了你们的服务。"

基本判断：这是一种敷衍的方式，客户可能没有听进去你的介绍。

应对方式：需要追问"不知道您对我们具体的哪项服务感兴趣？"以此来锁定客户的需求点。

场景二："大体了解你们的方案了，但我还要梳理一下。"

基本判断：客户很可能对你的方案没有走心。

应对方式：需要营造氛围，引导客户阅读你的方案，以此来判断客户对方案的接受程度，加深客户的认知。

场景三："我对你们的方案很有兴趣，你给我报价吧。"

基本判断：没有对你的方案提出质疑并展开讨论，你的方案很可能是"备胎"，此时千万要小心。

应对方式：需要做的是通过探询发现背后的原因，是有竞品还是有其他问题。

（二）客户否定地说

场景一：经过两轮方案讨论后，客户仍然说"还要再讨论一下"。

基本判断：有可能没有找对人，或他们在与竞争对手沟通。

应对方式：静下心来梳理一下公司的价值，盘算出击方式和说服理由。

场景二："你的方案还不能打动我"，但客户也不告知具体原因。

基本判断：可能只了解了他的显性需求，而没有挖掘出其更深层次的需求。

应对方式：充分调用公司资源重新梳理客户的需求，以价值驱动获胜。

场景三："你们的行业经验和实施能力还是让我担心。"

基本判断：这里可能有硬伤，如果想赢，必须考虑如何反转。

应对方式：尽快找到可利用的资源，准备好佐证物料，同时再找高人背书，否则就调整竞争策略。

正确理解客户的话并做好回应，有助于项目向前推进，这是对销售判断能力和应变能力的考验。要学会倾听并主动探询，提高灵活应对的能力，可通过日常积累和经验来提升能力，也可向有经验的销售讨教和学习。

二、摆正位置，先思后行

商场上机会稍纵即逝，拒绝机会，便可能"出师未捷身先死"；忽略或错失机会，便会"长使英雄泪满襟"。

（一）判断机会，知道什么事情不该做

一般老师在做大客户销售培训时，往往会从什么是一个好销售应有的特质开始，而我要谈的第一个问题却是一个好销售不该做什么。

销售应该避免三件事，我戏谑地称之为销售的"三大悲哀"，见图1-1。

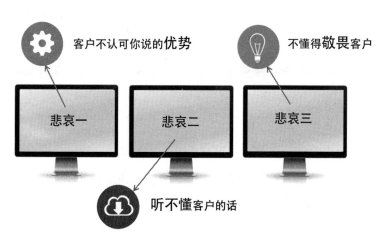

图 1-1　销售的"三大悲哀"

1. 客户不认可你说的优势

你精心整理了PPT，全神贯注地讲给客户听，讲完后也得

到了客户的肯定，但项目却没有得到很好的推进。原因很可能是你所讲的优势客户并不认同，由于没有探询客户的回应，便误认为自己的优势已经得到客户认同。我常常拿这样的话来提醒销售："难道你这次行动的目标就是给客户做科普吗？"

此问题出在缺少目标导向，没有以客户为中心，只在意做的事却不关注结果上。试问，得不到客户的回应，怎么能将项目推进？可谓"只勤不巧"，是销售的"第一悲哀"。

2. 听不懂客户的话

与客户有了一定的交往后，自我感觉良好，客户突然说出了新的想法（需求），你没有思考并深究背后的缘由，便直接凭经验和感觉予以回答。你的回答很可能与客户不在一个频道上，以致客户无法呼应，导致机会从眼前溜走；或者你含含糊糊地不直接回答，效果同样不好。

事先无准备，行动过于草率，听不懂客户的话，可谓"用力不用脑"，是销售的"第二悲哀"。

3. 不懂得敬畏客户

对客户保持敬畏，需要避免以下三种做法。第一，侃侃而谈，不注意客户感受；第二，承诺的事不能及时兑现，让客户不舒服；第三，不知深浅，摆不正自己的身份，让客户别扭。

案例（1-2）：行动前不做功课吗？

公司安排一位新聘的销售经理拜见一个大客户。由于他在原来的公司与这个大客户有过接触，所以公司对他怎么拜访客户没有提过多的要求。

销售经理见到了客户新上任的业务负责人，在沟通中获得了对方的好感。随后，他邀请这位负责人参加即将举行的一场行业大型研讨会，负责人也欣然答应。

在拜访即将结束时，销售经理画蛇添足地提到对方公司前任业务负责人对自己很关照，谁知这位新上任的业务负责人的态度立即发生了变化。分手时，销售经理再次强调已将对方列为会议嘉宾由他专门接待，那位业务负责人突然客气地说："对不起，刚才忘记了，时间上有冲突，我已经另有安排了。"销售经理顿时愣住了。之后经过了解得知，现任负责人与前任负责人的关系并不和谐。

以上案例表明，销售经理拜访的目标本来是想赢得客户的认同，但在不了解客户背景的情况下，说话随意，不知深浅，结果适得其反。所以，不懂得敬畏客户，是销售的"第三大悲哀"。

（二）不怕没做到，就怕没想到

销售仅靠积极努力是不够的，还需要勤于思考，敢为人先。

案例（1-3）：不怕没做到，就怕没想到

A是一名高级经理，对接一家集团公司的IT项目。

在项目的阶段性复盘中，一个有经验的销售向 A 汇报说："直至现在，客户依然没有上报高性能计算机的采购计划。"

A 有些不解，凭他多年的销售经验，拥有如此规模的集团公司一定会有这方面需求的。于是，他开始寻找原因和机会。经过不懈努力，他终于了解到，该集团另外一个业务部门正在规划购置一套在高性能计算机上应用的业务系统，只待时机成熟便可上报计划。A 抓住机会，积极协调国内外的资源，及时提供了让客户满意的软硬件一体化解决方案，赢得了该集团业务部门领导的信赖，公司不仅签订了这个集团总部项目的采购合同，并且将该项目的采购业务拓展到了该集团全国各分公司。

这次销售项目之所以成功，表面上是 A 做了一件别人想不到的事，根本原因是基于 A 的销售意识和积极进取精神。如果他仅仅听取销售的汇报就此止步的话，那么就与成功擦肩而过了。所以说，不怕没做到，就怕没想到，想不到就无法做到。

三、把握商机，先谋后动

接受一项任务后，如果习惯性地从自己的经验出发，不加思考就匆忙行动，很可能事倍功半。正确的做法是先设定目标，在执行过程中列出相应的监测节点，追求行动的结果。

（一）做什么与怎么做

案例（1-4）：做什么与怎么做

A员工比B员工早一年入职，B入职两年后得到升迁，A还在原地踏步。A找老板理论："老板，我是否有过迟到、早退或违反公司规定的行为？"老板干脆地回答："没有啊，你一向很遵守规矩。""那我就不明白了，为什么入职晚的员工都得到了重用，我却没有机会呢？"老板思考了一下，笑笑说："这件事咱们等会儿再说，有个急事你先帮我处理一下？"原来是一家客户准备到公司来考察，老板吩咐A与对方联系一下，问问他们什么时候过来。

20分钟后，A回到老板办公室汇报："联系好了，他们说下星期二、三才能过来。"老板问："具体是哪天？""这个我倒没有细问。""他们一共有多少人来啊？""啊！我不太清楚。""那他们打算怎么来，乘坐火车还是飞机？""抱歉，我没打听！"

老板什么也没说，请A继续留在办公室里，打电话把B叫了过来，交给B相同的任务。10分钟后B回来了。

B汇报说："他们一行5人乘坐下星期三下午5点的飞机，大约晚上8点到，带队的是采购招标部袁经理。我跟他们说了，会安排接机。另外，他们打算考察三天，具体行程已经开始对接。为工作方便，我建议把他们安排在公司附近的迎宾酒店，既方便又有档次，您看行吗？如果您同意，明天我就预订房间。再有，下周三天气预报有雷阵雨，如果他们行程有变，我会随时向您汇报。"

B出去后，老板拍了拍A的肩膀说："现在我们继续谈谈你提出的问题。"A说："不用了，我已经明白了，谢谢老板，打扰您了。"

以上案例表明，同一件事不同的人会有不同的做法，就事论事地做与用心地做，结果一定是不一样的。

（二）做事情要注重结果

销售的终极任务是签单，这是做什么的问题；怎么才能签下单，这是怎么做的问题。例如，团队领导问销售："你为这次项目做好准备了吗？"答："准备好了。了解了客户的背景和基本需求，制作了演示PPT，还模拟试讲了两次。"领导接着问："如果演讲效果不好，你将怎样应对？"如果销售回答得含糊不清，说明他没有真正用心，或者对此次行动的结果缺少思考。不少销售心里都知道该做什么，却忽略了做事要关注结果，在怎么做上下功夫。

所以说，做什么与怎么做的差异在于是否以结果为导向。

下面从两个方面来谈。

1. 怎么才算做完一件事

有些销售对做完一件事没有概念，其实做完一件事就是由四个要素组成一个闭环。第一是目的，明确做事的目标；第二是责任人，谁对这件事全权负责；第三是所需资源，完成这件事需要什么资源，销售能调动什么资源；第四是完成时间，即完成任务的截止日期。

此四要素不仅在销售项目推进中缺一不可，在日常工作中也是同理。

2. 怎么才算做好一件事

首先，要考虑完成这件事所带来的收益；其次，要考虑谁是验收者。如果验收者是客户，那么要根据客户的想法，通过自己的努力让项目按期推进；如果验收者是上司，那么要思考上司希望看到什么结果。

一些销售非常注意维系客户关系，客户提出的问题都能及时回应，却疏忽了下一步的动作，即探究客户对你的回应认可的程度。缺少这个环节，可能会让竞争对手捷足先登。把握商机必须琢磨客户怎么想、怎么看，经过理解和判断，适时地验证和调整行动，让项目朝着对你有利的方向发展。

综上，销售技巧是要掌握逢山开路、遇水架桥的技能，把握每次商机，做好当下的事。

第二节
武器二：策略销售

当一位销售被委派负责一个大项目时，面临压力不免有些紧张，甚至会怀疑自己的能力。有一年，我带领的团队业绩不好，在公司总部年会上被董事长问责。会后，我跟总经理辩解说不是我不努力，而是能够提出解决方案的销售太难做了，流露出明显的畏难情绪。总经理给我讲了下面这段话。

案例（1-5）：世界上最难做的三种销售

第一是牧师，他要把人世间根本看不到的东西，说成是真实存在的，让你相信并跟随；第二是风水先生，他要把自然现象解释成有规律、有寓意的景象，说到你心里去，并让你确信不疑；第三是人寿保险的销售，他要用一份规划书，不紧不慢地说服你，让你生前为生后付账。

这三类销售共有的特质是：一是有信念，相信这件事一定能做成；二是有方法，会在过程中不断探询客户在想什么，再来说服客户；三是有工具，譬如，牧师有圣经，风水先生有罗盘，人寿保险销售有与生活场景相类似的案例和计划书。最重要的是他们坚信自己说的是真理，是在做善事。

总经理最后说："你是非常努力的人，缺少的只是坚定的信念和相应的方法。"一席话真是醍醐灌顶，让我茅塞顿开。所以，好的销售应该既有坚定的信念，又有正确的方法。

有些销售有丰富的实战经验和销售技巧，敢与竞争对手死磕，此为经验销售；有些销售在进入项目之前会反复思考计划和预案，琢磨销售策略，生怕有什么疏漏，此为策略销售。但好的销售既要有技巧也要有策略，策略销售是对经验销售的一种补充。

能够做到这一点并不简单，需要苦练内功，进行一番自我修炼。

策略销售的四种修炼见图 1-2。

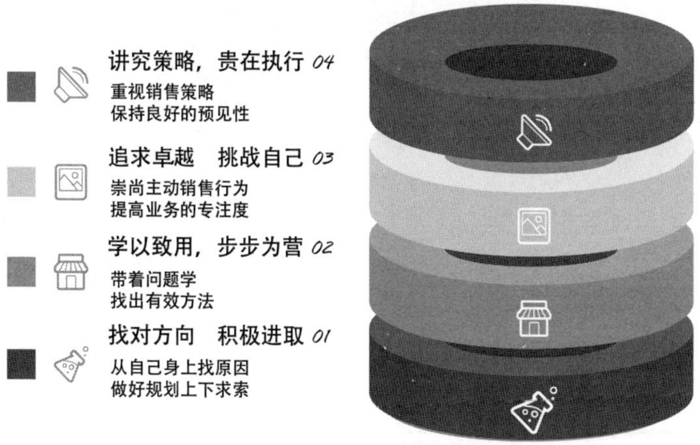

讲究策略，贵在执行 *04*
重视销售策略
保持良好的预见性

追求卓越　挑战自己 *03*
崇尚主动销售行为
提高业务的专注度

学以致用，步步为营 *02*
带着问题学
找出有效方法

找对方向　积极进取 *01*
从自己身上找原因
做好规划上下求索

图 1-2　策略销售的四种修炼

一、修炼一：找对方向，积极进取

（一）营销失败原因分析

美国销售大师杰弗里·吉特默将营销失败的原因分为以下四类，并通过 16,000 份问卷进行了调查统计，见图 1-3。

统计结果显示，四类失败原因中不求进取的态度占比为 50%，是导致销售失败的最主要因素。这说明销售不仅要有正确的训练、好的销售技巧，还要有积极进取的态度和不轻言放弃的精神。

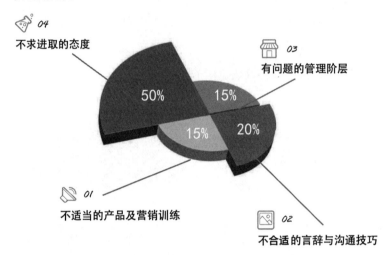

图 1-3 营销失败的四类原因

（二）积极进取的表现

1. 把销售作为置顶爱好

把销售作为一种爱好全力以赴，便会在销售过程中乐此不疲，勇往直前，在规定的时间内通过销售业绩来展示自己的价值。

2. 把销售作为一项事业

将销售作为一项事业，便会为自己设计行进的目标。比如，两年成为头部销售，四年成为销售经理，六年成为销售团队领军人物……这样做职业规划，自然会主动出击，不断进取，注重团队协作，用业绩证明自己的实力。

3. 主动上下求索

销售要善于思考，习惯性地带着问题去找身边高人求教和帮助，并在销售过程中不断实践和验证，以提高销售的胜率。

（三）不思进取的表现

1. 目的不纯

一家外企公司招聘销售，一位售前工程师主动找到区域经理希望转岗，起初，区域经理不同意，但是售前工程师三番五次地恳求，并承诺一定积极工作完成销售业绩，区域经理决定给他一个机会。结果第一季度他的业绩勉强过关，第二季度业绩明显下滑。这位销售在与朋友喝酒聊天时，私下表示自己要求转岗做销售的主要原因是销售拓展业务的经费不受限制。此话一经传出，区域经理果断辞退了他。道理很简单，目的不纯的销售是不值得培养的。

2. 把销售工作仅当成一项生计，只考虑及格，不追求优秀

这种销售为数不少，有个人的原因，也有公司的原因。个人的原因可能是没有设定自己的人生规划目标；公司的原因可能是公司没有让员工看到未来。其中，个人不思进取是影响销售成长的主要原因之一。

二、修炼二：学以致用，步步为营

面对不断变化的时代，销售应不断地读书学习，并努力做到知行合一。正确的学习方法是带着问题学，学以致用。

我在招聘销售时，会问："你接受过的最好的销售培训课程是什么？"对方回答后，我接着会问："从中得到的最大感受是什么？"前一问是关注他是否有接受培训的经历，后一问是考察他在培训中有没有走心。

回顾我的职场生涯，有三个销售培训课程让我受益最多。一是2000年前后的"大客户销售策略"培训，我的收获是，销售要有全局意识，善于判断商机，关注客户的组织和架构，掌握策略销售。二是美国参数技术公司的MEDDIC培训（M–Metric, E–Economic buyer, D–Decision making process, D–Decision making criteria, I–Identify pain, C–Champion，分别指可以量化的客户利益、买单人、决策流程、决策标准、客户痛点、拥护者），我的感悟是，销售中要抓住几个关键点，重点突破。三是法国达索系统公司的"销售进程推演"培训，我领会到要注重客户体验，以价值驱动项目的推进。

有些销售时常会问，他们读了一些销售书籍，但销售业绩并没有明显改善，应该怎么去读书？我的建议是：首先，确定你是哪一类的销售——产品、解决方案，还是快单销售（客单价低、成交周期短），因为目标客户不同，解决问题的方法也不同；其次，带着销售中的问题去找对口书籍，因为没有一种销售打法是大小通吃的。

学习销售技巧要与时俱进，永远不要指望用过去的经验解决未来的问题。要根据公司和自身的情况，结合销售场景梳理出一条合理可行的路径，提炼出一套策略打法，在实战中不断优化。

三、修炼三：追求卓越，挑战自己

通过近距离接触、观察和分析了近百个销售行为，我归纳出从动销售、互动销售和主动销售三种行为模式。通过比较不同的行为模式与项目推进效率之间的关系，得出了以下结论，见图1-4，其中百分数代表了不同行为模式与项目推进效率之间的关系。

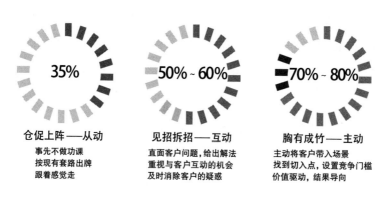

35%	50%~60%	70%~80%
仓促上阵——从动	**见招拆招——互动**	**胸有成竹——主动**
事先不做功课 按现有套路出牌 跟着感觉走	直面客户问题，给出解法 重视与客户互动的机会 及时消除客户的疑惑	主动将客户带入场景 找到切入点，设置竞争门槛 价值驱动，结果导向

图1-4 三种销售行为模式及推进效率

（一）从动型销售

从动，是指被客户带着走，这是销售过程中常见的现象。表现一是被客户追问，所答非所问。例如，在一次项目交流结束后，客户问："你的解决方案优势到底在哪里？你比竞争对手强在哪儿？"出现这种场景多是因为在交流中，你话说了不少，但是该说的没有说清楚，缺少对客户的引导。表现二是面对客户的提问回答不上来，多半与准备不充分有关。以上两种现象难以引发客户进一步合作的意向，会耽误项目的推进。这种销售行为属于从动型销售。

（二）互动型销售

销售介绍完方案后，客户说："好像不止这一种好的方案，×××家服务商的方案也有一些特点。"这是解决方案销售面临的最普通的场景，客户能够呼应销售并提出质疑，说明双方已经在同一个认知频道上了。如果能借此机会诱发客户的探询和疑问，事先准备好一些他们感兴趣的物料，形成与客户更深一层的互动，效果会更好。这种销售行为称为互动型销售。

案例（1-6）：尊重友商，相信自己

一个咨询顾问去拜见客户，沟通效果不错。客户突然提到了这位顾问的竞争对手，咨询顾问回答说："那家公司是我们尊重的同行，成立初期我们曾向他们学习，并做了大量大客户需求调研，最终确定了我们的服务方向。"

她接着说："最近有一家重要的客户联系我们，提出了新的服务要求，他们原来的项目是这家同行实施的，两相比较后最终还是接受了我们的解决方案。可能客户认为，我们的服务定位更适合解决他们的问题，所以我们对自己越来越有信心了。如果您有时间，我可以把相关情况深入地向您介绍一下。"她的贴切话术营造了互动的场景，客户接受了她的

解答。

最后她顺势说道："我觉得我们的服务项目也比较符合你们的业务模式，主要体现在以下几方面……，如果您接受我们的服务，一定不会失望的。"最后，交流在友好的气氛中结束了。

在销售项目推进过程中，经常会出现同行竞争的现象，如果有意贬损竞争对手，也会伤害自己。正确的做法是观察客户的反应，客观地介绍双方的实力，将客户的疑惑带入我们的语境和方案中去解答，推进互动，赢得客户的好感和认可。此为互动型销售。

（三）主动型销售

这是难度较大的销售行为，不仅要有良好的业务技能，还要能捕获和把控客户的预期。下面这个案例是发生在我身上的一件事。

案例（1-7）：产品性能与客户预期

一家国家级研究所要采买200台Intel高性能图形工作站，我所在的C公司是市场上最先推出这类工作站产品的公司，市场知名度颇高。我代表公司向研究所主管领导做汇报，不但简要地介绍了产品性能、市场占有率和国内关键客户的使用情况，而且解答了客户的所有疑问，信心满满地认为已经涵盖了主管领导关心的所有问题。会后，研究所信息部门的主管同我说，效果不错，回去等签约通知吧。

谁知半个月后前去签合同时，我却高兴不起来了，因为200台工作站的订单，我们只拿到了一半，其他100台被I公司签走了！我百思不得其解。

后来得知，在我上次汇报后不久，I公司的产品经理也到研究所拜访过。这位产品经理有很深的知识储备和很强的业务能力，他对主管领导说，C公司该款产品是得到业内认可的，速度很快，但在图形应用方面略有不足，而I公司在图形方面沉淀了多年经验，产品设计在运算和图形均衡方面处于行业领先；另外，这类工作站体积小，散热是个难题，I公司这款产品在这方面做了更好的优化，产品的寿命会更长。为了加深主管领导的印象，他还打开随身携带的产品结构图予以详细的讲解。

那位主管领导是业务专家，他对类似产品在使用中容易产生的问题有所了解，I公司产品经理的这番表现博得了他的好感，所以我知道自己没有反转的机会了。

这件事对我冲击很大，使我深切体会到不能完全凭借过去的经验解决当下的问题。如果不能掌握关键的业务知识，站在客户应用的角度去触达客户内心的预期，主动挖掘客户的深度需求，到手的订单也有可能流失。

主动型销售是指在客户没有完全想清楚，或正在纠结怎么做时，直接阐述自己的观点，让客户心动的一种销售行为。譬如，别人以公司介绍做开场白，你用行业发展趋势或行业发展数据来吸引客户；别人在讲服务项功能时，你能给客户讲透公司的价值；别人在讲实施方案时，你能讲明白客户的收益；客户在纠结项目实施的质量时，你能道出实施的标准作业流程（SOP），这些都可能让客户耳目一新，产生与销售互动的意愿。

主动型销售在操作上要注意三个基本要素：一是要有足够的底蕴、极强的知识储备、敏锐的洞察力，做到收放自如；二是要了解对方的价值取向，以同理心触达客户想要但还没有感知到的期许，将他带入到你的频道和语境里；三是认真做好预案，梳理手中的优质资源，合理地布局。

这是一种高举高打的做法，要清楚公司的行业地位，拥有相比竞争对手的领先位置；在行动中，要判断客户接受的程度，适时做好价值铺垫，设置竞争门槛，力求一招制胜；同时技术团队要跟上节奏，保障销售方案落地。

一言以蔽之，主动型销售是一种价值驱动方式，项目最终能走多远，取决于公司能呈现给客户多少价值。

四、修炼四：讲究策略，贵在执行

好的销售会在销售策略的制定和执行上下功夫，这是赢得更多订单的基础。

（一）重视销售策略的制定

有过历练的销售方能理解销售策略的重要性，并会主动谋划和制定策略，因为他了解市场竞争的激烈程度，时刻盘算着手中取胜的筹码。

（二）保持良好的预见性

在动物的食物链中，羊只会看到眼前的草，狼才能看到远处移动的肉，这便是视角与视野的区别。有过大战磨炼的销售，会主动拓宽自己的销售视野，对即将发生的事情做出预判和准备，走一步看三步，这是策略销售的重要环节。

（三）销售策略重在执行

好的执行举措通常是基于大量销售运行经验形成的一份可执行并可适时检测的文档，体现在销售策略方面就是要制定一份好的项目计划书。

项目计划书需要设定阶段性的任务，对可能出现的问题做出预判及应对方案，列出推进过程中的监测点，拟定下一步项目推进计划等。这是销售和管理者之间共同沟通和验证的载体，以保证项目进程的可控性。有人曾说，"过程不管控，结果一场空"，很有道理。在此我要强调的是项目计划书不仅是规划、预案，还是策略销售的执行文件。

综合上述四点，策略销售讲究的是积极进取、学以致用、追求卓越和贵在执行。

第三节
武器三：目标销售

根据企业的购买需求，销售大致可以分为两类。第一类是产品销售，通常指销售成型的产品，例如IT硬件、工具软件及生产中的基础设备等。第二类是解决方案销售，例如工业软件及应用实施服务、工程的项目规划和实施等。

一、产品销售与解决方案销售的区别

先从客户需求认知和销售打法的角度来解析两者的区别。

（一）两类客户的购买侧重不同

首先，分析一下购买产品的客户。

以购买一套计算机设备（含主机、存储器、网络设备等）为例，客户一般会从三个方面考虑：产品的知名度、已经使用过此类产品的用户体验和产品的售后服务。如果购买行为发生在20年前，由于当时计算机设备的综合性能没有那么好，加上信息不对称，一些大型计算机公司只要做好品牌宣传，物色和培养好的销售就可以了。那时，品牌的知名度和销售的个人能力很重要。

而今，随着科技发展日新月异，购买计算机产品的选型方式与以往大不相同。客户会找很多同类产品做比较。第一，不是好的品牌肯定不在考虑范围内；第二，考虑应用软件在此类计算机设备上的匹配度和运行情况；第三，考虑产品的质量和售后服务。在选型过程中，一些大客户要求将自己原有的应用在此类计算机上运行和测试，并拿到相应的数据作为选型依据，强调计算机的综合性能指标。于是，掌握企业选型的变化对于销售显得尤为重要。

其次，分析一下购买解决方案的客户。

以前，使用工业软件的客户群体不够大，客户在购买这类软件时要求不太高，主要看重的是软件的功能，对软件的应用场景考虑不多。十几年前，我的用户中有一位高级工程师参与了一个国际合作项目，被派往欧洲合作伙伴公司做了半年技术协作工作。他回来后深有感触地跟我说，我们与欧洲的合作伙伴使用的是同一款软件，但我们使用到的软件功能还不及他们的一半。可见当时用户的关注度还基本停留在软件功能方面。

现在，随着工业软件日趋成熟，客户的需求出发点也大不相同。以前，软件功能是选型的基础，现在，更多的客户开始关注软件的应用和服务，并与企业的应用直接关联。由于使用这类软件的客户群体不断加大，对已经使用同类软件的应用和实施服务情况进行调研成为选型的重点。

此时，销售除了对客户业务要有足够了解，还需要证明工业软件与客户的业务应用之间的关联，并帮助客户梳理出应用方面的需求，制定切实可行的解决方案。

之所以提出产品销售与解决方案销售的区别，是因为有些人会将不同类别的销售混为一谈，认为有了超强的销售技巧加上足够的销售经验就能应对各种场面。这在道理上勉强可以讲得通，但是，随着时代的发展和科技的进步，客户在产品采购和解决方案采购过程中，在选型方式上已经产生明显的变化。两者的重要区别在于：产品采购偏重综合性能指标，即降本增效；而解决方案采购注重应用和后续服务，改善产品的性能质量和提升企业的创新能力。前者是显性的，后者是隐性的。譬如，产品通常是实物，产品销售会用性价比来标识，客户可以通过性能硬性指标来鉴定；但解决方案销售则有所不同，它包含很多应用和实施服务，是软性的，不经过使用和实施很难被感知到。

（二）针对两类客户的销售方式不同

解决方案属于长线销售，不同于"挣快钱"的销售。这类销售不但要拥有大量专业知识、对行业发展的宏观把握，而且要能够为客户提供有价值的解决方案，对业务素养要求比较高。此类人才在市场上相对匮乏，同时又不易培养和补充。从产品销售转做解决方案销售，难免会带着原来的销售痕迹和习惯，公司需要提升他们对解决方案销售的理解和认知，培养其对销售进程的把控能力，这个过程会有一定难度和较高的时间成本。

打个比喻，如果你的旅游目的地是一座大城市，沿途都是高速公路，路况很好，选择轿车作为交通工具最佳，既舒适又可以跑得快。这时选择方式清晰，符合产品销售的情况。如果目的地是尚未开发的自然风景区，路况不可测，最好选择四驱越野车，避免车辆因路况不佳而耽误行程。这时选择条件更多维，是解决方案销售的场景。

下面我讲一个生活中的故事，来帮助大家理解不同的销售方式会产生的不同结果。

案例（1-8）：买李子的故事

一位老太太来到农贸市场买李子，先后遇到了A、B、C三个摊主。

她首先来到A摊主前，问道："你的李子怎么样？"摊主答道："我的李子又大又甜，特别好吃"，老太太转身走了。

她来到B摊主前，问道："你的李子怎么样？有酸一点儿的吗？"B摊主答道："我这里有两种李子，有甜的也有酸的，这一种又酸又大，咬一口就流口水，您要多少？""来一斤吧。"买完后，老太太继续在市场中闲逛。

这时她看到了C摊主。这里的李子又大又圆，挺抢眼，正在她观望时，C摊主主动发问道："老太太，看见您在这转半天了，不知您要买什么样的李子呢？""我想要酸一点儿的。""一般人都要甜的，您怎么要酸的呢？""我儿媳妇怀孕了，想吃酸的。"

C摊主接着说："您真是一个好婆婆，您儿媳妇一定能给您生个大胖孙子。上个月，这附近有一家家里有孕妇，总来我这儿买酸李子，酸儿辣女，果然生了个小子。"老太太高兴地说："那我再来一斤吧。"

C摊主一边称李子，一边介绍其他水果："猕猴桃含多种维生素，特别有营养，尤其适合孕妇。您来点儿吗？""那好，再来两斤猕猴桃。""您人真好，谁摊上您这样的婆婆，那可太有福气了。"

C摊主一边称猕猴桃，一边唠叨："我每天都在这儿摆摊，水果都是当天从批发市场来的新鲜货，您儿媳妇要是吃了觉得好，欢迎您再来。"

"好，下次一定再来找你。"老太太高高兴兴地付了钱，开心地离开了。

人物假设：这个故事中老太太是客户，三位摊主是销售，他们三位不同的推销方式形象地演绎了产品销售和解决方案销售的不同。

A摊主是产品销售打法，先入为主，如果客户需求的是产品，立即开花结果，因为这类客户群体十分庞大。B摊主的打法介于产品销售和解决方案销售之间，押宝客户需求是跨界的，追求两边都可以有所斩获。C摊主是解决方案销售打法，挖掘需求，提供佐证物料，展现价值，获得承诺，关注客户需求背后的需求，并做到销售进程可控。

随着客户成熟度的提高，绝大部分解决方案客户的认知和决策时间会延长，想在有限的时间内向客户传递优势并得到客户认可，仅靠销售技巧和客户关系已经很难做到了。

借助以上案例，进一步分析产品销售和解决方案销售的特征和区别，见图1-5。

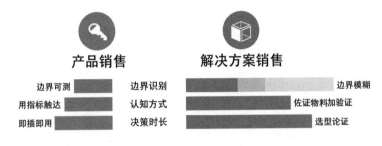

图 1-5　产品销售与解决方案销售的特征和区别

首先，边界识别不同。

（1）产品销售：边界可测，可以用性能指标标识出来并进行对比，如故事中的性能指标是李子的酸甜度、个头、新鲜程度等。

（2）解决方案销售：边界模糊，一下子很难描述清楚，在单位时间内难以比对，如故事中老太太的需求背后的原因是宽泛的、个性的、不确定的。

其次，认知方式不同。

（1）产品销售：可以写出独特的商业价值（UBV, Unique Business Value）来让客户感受，在实战中已经总结出很多销售技巧，如故事中的性能指标是可以包装的，有经验的销售会梳理一套打法来吸引客户。

（2）解决方案销售：在规定时间内如何使用佐证物料让客户信服是个难题，如故事中发现需求、迎合需求、展现价值、超值服务会有不同的方式。

最后，决策时长不同。

（1）产品销售：通常客户选择产品的决策周期短，客户的意见容易统一，如故事中以特征为主的说服方式，可以直接触达客户，容易判定好坏。

（2）解决方案销售：客户需求和应对方案需要经过多次探询才能确定，与客户达成共识需要一定的时间，如故事中C摊主通过判断客户需求、探询、找到卖点，才能得到客户的认可。

总之，客户需求不同，销售的方法和路径也不同。它们之间只有范畴和种类的区别，没有对错高下之分。解决方案销售面对的是需求宽泛的客户，这类客户体验感知的要求高，决策周期长。如何把控项目进程、保证销售工作有序推进是解决方案销售面对的主要难题。

二、目标销售及其独特价值

在展开这个话题之前，先分享一个真实案例。

案例（1-9）：旅游操作流程化

改革开放初期，国内旅游业蓬勃发展，导致旅行社之间的竞争趋于白热化。各类旅行社为了提高客户满意度，纷纷找来有经验的旅游从业者为导游做培训。由于缺少行业规范体系，培训内容没有针对性，效果不佳。

一位曾经做过记者的资深旅游从业者担任了培训讲师。他认为一个完整的旅游过程可以拆解为多个运行环节，细节决定成败，如果能制定出可操作和检验的标准，把每个环节把控和处理好，游客的满意度自然会提升。于是，他将客户旅游行程分解成发掘客户、方案个性化、行程特色化和落实执行精细化四个阶段。列出了每个阶段客户可能存在的需求，容易出现的问题及其不同的应对举措，并辅以案例说明，整理成旅游流程规范化操作手册，在培训中推广和演练，令人耳目一新，效果立现。

有一家大旅行社闻讯找到他，提出要购买这一手册的版权，出价8万元，经过谈判最后以10万元成交。

以上案例表明，提升客户满意度是大目标，将大目标拆解成互为因果的小目标，各个击破，大目标也就不难实现了。大旅行社之所以购买这个旅游流程规范化操作手册，正是看中了这一思路和做法的有效性。

在解决方案销售中，签单是大目标，核心问题是如何完成签单。在一个长线销售过程中，要有清晰的行进路径，设定具象的阶段性目标并有效地执行，以保证签单这一大目标的实现。

（一）独特价值：目标拆解，进程把控，效率监测

一个解决方案客户在选择服务商时通常要经过调研探究、梳理需求、预估收益、评侧价值、启动决策等几个阶段，我们将这一过程称为客户旅程。

销售复盘时经常会发现，有的销售没有发现客户需求背后的需求，找不到说服客户的理由；有的销售不了解决策人的想法，该出手时没出手，或出手了力道还不够等，最终导致项目间接落败或全盘皆输。仔细分析就会发现以上这些问题会发生在客户旅程的不同阶段中，并有各自的属性。譬如，在客户调研探究阶段，要着重解决与客户之间建立信任的问题，以便为发现客户需求背后的需求做好铺垫；在客户价值评测阶段，要通过发掘客户的痛点，展现价值，让决策人信服。

多数解决方案销售的大项目成交周期都在一年以上，这样漫长的旅程，很可能会发生许多意料不到的事。有经验的销售在建立信任、高层拜访、挖掘客户需求、尽快获得承诺等方面，积累了很多好的经验和做法。现在需要做的，一是对客户旅程进行拆解，把成单的大目标分解成互为因果的小目标，环环相扣；二是提前对问题做出预判，并将诸多销售专家总结的好举措，有针对性地部署在客户旅程的不同阶段中，并对解决问题的全过程进行把控；三是对执行的效果进行实时监测，及时调整行动方向，追求实效。这里提炼出的关键词是目标拆解、过程把控、效率监测，亦是目标销售方法的核心内容。

（二）验证标准：满足 SMART 原则

上文提到，客户购买解决方案的过程是一个旅程，客户的认知和诉求会随着旅程行进而不断深化。目标销售的任务是根据客户旅程的变化设定相应的阶段目标，保持阶段目标的关联性，把控销售进程并层层推进，从而完成销售签单的大目标。

在制定各级目标时，需要基于 SMART 原则：

（1）目标必须是具体的（Specific）；

（2）目标必须是可以衡量的（Measurable）；

（3）目标必须是可以达到的（Attainable）；

（4）目标必须和其他目标具有相关性（Relevant）；

（5）目标必须具有明确的截止期限（Time-based）。

总而言之，目标销售中的阶段目标是具体可见的，衡量节点是可监测的，销售推进路径是可执行的，各级目标是相关的，时间是有限制的。

（三）落地执行："过五关斩六将"

依据 SMART 原则，我绘制了一张作战地图（见图 1-6），这张图彰显了大战之前目标销售的核心方法，即"过五关斩六将"。"五关"，即在销售中完成签单大目标需要经过的五个关隘，分别是建立信任、锁定需求、展现价值、寻求共识和获得承诺。"六将"，即在五个关隘中要监测十几个执行节点中的六个重要节点（随后会在相关章节中逐一描述）。

请大家仔细观看这张图。图中显示的四个维度分别是：客户旅程、客户认知、销售的阶段目标和销售的行动效率。客户旅程的五个关隘与目标销售的阶段目标之间是一一对应的关系，百分比是指销售在此关隘中执行的最低完成度。这样一来，我们的行进路线和预期效果就清晰可见了。

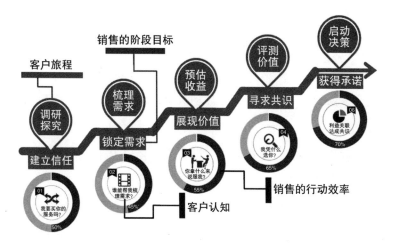

图 1-6　基于客户旅程的"过五关斩六将"目标销售导图

关隘一：客户的任务是调研探究，认知是"我要买你的服务吗？"

我们的目标：建立信任，以客户应该买这项服务作为效率监测点。

关隘二：客户的任务是梳理需求，认知是"谁能帮我梳理需求？"

我们的目标：锁定需求，以能帮助客户梳理需求作为效率监测点。

关隘三：客户的任务是预估收益，认知是"你拿什么来说服我？"

我们的目标：展现价值，以能够说服客户作为效率监测点。

关隘四：客户的任务是评测价值，认知是"我凭什么选你？"

我们的目标：寻求共识，以客户就应该选我作为效率监测点。

关隘五：客户的任务是启动决策，认知是，利益关联，达成共识。

我们的目标：获得承诺，以达成与客户利益一致并合作成功作为效率监测点。

总之，"过五关斩六将"是将客户旅程中客户认知的变化拆解成五个阶段目标，先对每个阶段的销售执行的程度进行管控，随后对关键节点的行动效率进行监测，以便让销售与客户在同一个频道上沟通和共振，朝着同一个方向相伴而行，直至销售进程的终点。

本章小结

如果你渴望成为一个被行业认可的大客户销售，可能会经历以下过程：

初期，努力拼搏，不怕挫折，成为公司的季度销售冠军。这时，你会感受到销售技巧的作用，追求销售成单的数量。

中期，不满足只是公司数个季度的销售冠军，开始攻坚克难，敢于打硬仗，因为拿下关键的客户才能得到行业的认可。这时，势必要重视策略销售，追求关键项目成单的质量。

后期，积攒了不少赢得关键大客户订单的体会，勇于与别人分享在锁定客户需求、展现公司价值、寻求与客户的共识体验。

这时，你已学会设定阶段目标，追求用好的方法提高胜率。

经过以上三个成长阶段，你便在销售职场上有了舍我其谁的底气。在体验一个大客户销售成长乐趣的同时，也会感受到前文中提到的三种武器给予你成长过程中的助力。

经过历练，你会认同解决方案销售是一门技术，这项技术融汇于从销售技巧、策略销售到目标销售的演变和互为因果的过程中。既然是一项技术，就要以目标为导向，设计出解决问题的方法，并在实战中不断积累和优化，保持好的销售态势。

目标销售方法的独特价值在于目标拆解、过程把控、效率监测三位一体，这也是本书的核心内容。

关隘一

建立信任

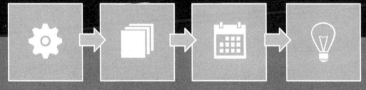

基于客户视角	信任始于沟通	建立信任路线	设定监测节点
客户不接受的方式 客户接受的方式	沟通的前置条件 好的沟通方式	拟定阶段目标 引发客户互动 找到合适的切入点	客户认知历程 行进目标拆解 四个监测点与执行

目标销售的进程是根据客户旅程制定的。当客户有了采购意愿，则迈出了客户旅程的第一步"调研探究"，而销售此阶段的目标是"建立信任"，此为目标销售的第一关隘。

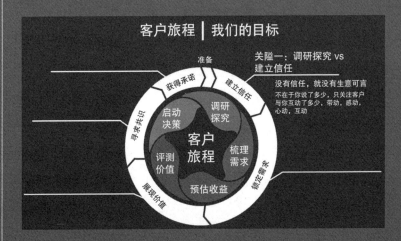

目标销售进程图之第一关隘：建立信任

建立客户信任是目标，重要的监测点是，不在于你说多少，只关注客户与你互动了多少。为了实现这一目标，销售需要注重四个方面：基于客户视角、信任始于沟通、建立信任路线和设定监测节点。

第一节
基于客户视角

在与客户沟通之前，销售需要多做功课，准备相应的话术和物料。比如好的开场白、产品的功能及服务的特点介绍、解决问题的方案，并制作出不错的PPT。

在现实中，一些销售依照自己的准备与客户沟通后，有时会发现客户的热情程度在不断递减，甚至还不如刚开始交流的时候，项目推进变得缓慢。造成这种局面的多数原因是客户不喜欢你的沟通方式。

初次沟通很重要，如果能带给客户良好的感觉，以后建立信任的路就会平顺许多。要做好这一点，需要先花时间揣摩客户观察问题的视角，根据场景再去准备有针对性的文档和话术，避免在沟通中出现"尬聊"。

一、客户不接受的方式

客户会从自己的角度去观察销售，他们通常不愿意面对三类人。

（一）面色凝重，不苟言笑

有些销售在听客户说话时，会不自觉地微皱眉头，若有所思，以示认真聆听和思考，但客户会觉得这是一种质疑的神态，从而心生不快。如果说了几句话后仍不见你有所改变，客户便会失去原有的耐心。

有些销售性格过于拘谨，指望"日久见人心"，希望客户将来会理解并接受自己这种性格，但如果初次沟通就让客户觉得别扭，怎么保证还有以后呢？

（二）见面就熟，不讲分寸

有些销售与客户初次见面就像多年的老朋友一样，开始称兄道弟。这种方式对成交周期短、购买产品的客户容易奏效，对解决方案的客户未必可行。因为后者购买周期较长，客户在欣赏你性格开朗的同时，更关心你所展示的公司实力和持续服务的能力。况且客户的选型团队不止一人，各有习性，销售需要沉稳持重，展现业务能力，在不断沟通的过程中逐渐拉近距离，循序渐进地得到客户的认可。

分寸感很重要，凡事须用心，说话要慎重，尤其需要注意这两个方面：一是急于讨好客户。比如，客户主管的业务部门取得了一项成果，你立马夸奖客户，谁知这个成果的负责人是他职位的竞争者，你便很尴尬。二是赞赏他人要走心。比如客户主管履新，你第一时间发去祝贺短信，此时他可能已经收到了几十个诸如此类的祝贺语，不会对你留下印象。如果你在祝贺短信中写出一些他不懈努力的细节，说明他是实至名归，他会觉得你比其他人更懂他，从而对你会有更多的关注。

（三）不善聆听，急于表述

有些销售在客户提问时不善于聆听，直接按自己的理解去解答。比如，客户问公司的优势是什么，你却讲述公司产品的特点和最近签过的大订单，想以此来证明公司的优势。这种说法听起来没错，但不是客户想了解的内容，此时客户更关注自身企业的需求与你的服务能力之间的关联度。即使此刻客户听进去了，过一段时间也可能有反复，因为客户不会只接触一家服务商。所以，销售在项目推进中要正确理解客户的想法，通过业务应用场景引导客户说出自己关注的事情，然后根据公司对应的服务项和成功案例，有针对性地介绍，以加深客户印象，体现优势，避免竞争对手乘虚而入。

二、客户接受的方式

（一）什么人是客户愿意接受的

客户容易接受的人有几个基本特征，例如守时守信、懂规矩、积极阳光、做事有始有终等。其中懂规矩可能包含内容较多，比如，衣着得体、说话有分寸、有亲和力等。通俗地讲，客户喜欢与靠谱的人打交道，这样他心里会感到踏实。

（二）什么方式是客户愿意接受的

客户通常会有三个关注点：一是销售能不能耐心倾听并理解客户的话；二是销售能不能从客户感知的角度论述自己的观点；三是销售是否摆正位置，懂得敬畏客户。这三点在前一章"厉兵秣马、蓄势待发"中已有比较详细的描述。

所以，学会换位思考，注意聆听，适时探询，博得客户的好感是建立信任的第一步。

第二节
信任始于沟通

职场上经常有这样的现象，你加班熬夜、绞尽脑汁写出的一份方案，却得不到领导的认可；接着你恳求领导听你的解释，领导却显得不耐烦；你顿时觉得很委屈，甚至抱怨领导没有看到你的努力。这种做法换不来领导的信任，因为领导更关注你做事的结果。这与销售在建立客户信任过程中的现象很类似，如果你只从自己的角度思考问题，侃侃而谈，忽略了客户的感受和反应，显然不是一种好的沟通方式。

信任始于沟通。在建立信任阶段，一定要换位思考，从客户视角出发，避免被客户礼貌地拒绝或沟通场面过于冷清。在沟通之前要有所思考，尽量找出一种双方都能接受的方式。

不妨先考虑以下两个沟通的前置条件。

一、沟通的前置条件

（一）降低客户防范心理

初次沟通时，客户多半会带有一种防范心理，用自己的眼光来审视你。我们公司的董事长曾讲过一个他自己的故事。

案例（2-1）：被逼无奈的陌拜

有一次他和老板出差，因航班延误，在登机口前的座位上等候。老板突然对他说："你想不想做一个好销售？"他一愣，但马上做出肯定的回答。老板接着说："对面有个看书的女孩，你过去与她说五分钟话。"他心里清楚这是一次考验，欣然领命。

他慢慢走到女孩旁边的空座椅旁，没有急于坐下，直到女孩抬头看他。他问道："我能坐在这儿吗？"女孩同意后，他坐了下来，女孩继续看书。等女孩看书停顿下来时，他欠身问道："我能与您说句话吗？"女孩看着西装革履又懂规矩的小哥不知如何拒绝，点点头。他如实奉告："我刚加入一家美国公司，找到一份销售的工作。您看，对面的老外是我的老板，他要求我与您说五分钟话，所以我只好硬着头皮来打扰您了，请见谅。"

他的坦诚博得了女孩的宛然一笑，接着两人就聊开了，他圆满完成了聊天任务，得到了老板的赞许。

在陌生环境下，沟通对象拒绝你是不需要任何理由的。如果能降低对方的防范心理，让对方找不出拒绝的理由，沟通就能开始，如同以上的例子。更精彩的是，他直接将美国老板的要求作为开场白，实话实说，消除了客户的防范心理，出色地完成了与陌生人交流的任务。

（二）营造良好的沟通气氛

要做到这一点，最好先去了解客户的背景及个人喜好。

案例（2-2）：他为什么被人换掉

2000年左右，我带公司华南区的销售一起去拜访深圳一家外资企业，该企业的信息部经理是一位台湾籍人。那天天气很热，销售上身穿着白色衬衫打着领带，下身却穿着牛仔裤和格外显眼的一双白运动鞋，与当时商场上通常的社交礼仪差异较大。

这是他第一次拜见客户。我是主谈，与客户沟通得不错，中途这位销售急于想对接这个项目，为了刷存在感，插进了两句不得体的话，让信息部经理皱起了眉头。沟通结束了，客户基本接受了我们的方案并约定了具体的执行时间。临走时，信息部经理单独对我说："这个销售不懂规矩，换个销售与我对接吧。"

　　其实我一开始就觉察到了，他看到销售的穿戴时已经皱起了眉头，随后销售不得体的插话让他更加不舒服，直接要求我把这位销售换掉。

　　这是当年的场景。现在在硅谷上班的IT人士往往衣着随意，身穿花格上衣、牛仔裤、运动鞋的人比比皆是，但是当年职场还没有如此多元化。这个案例提醒我们，在初次拜见客户之前，不但要尽可能地掌握企业信息，还要了解客户的背景和喜好，穿着和举止都要得体，以示对客户的尊重，避免出现尴尬的场面。

二、好的沟通方式

　　上面谈了建立良好沟通的两个前置条件，希望能引起销售的警觉，避免在不经意间失去机会，现在再来谈谈什么样的沟通方式会更加有效。

（一）沟通中的四个性格属性

　　沟通中的四个性格属性，参见图2-1。

　　好的沟通基于以下四个性格属性：可靠、开放、宽容、真诚。现实中，客户通常会先关注你的性格属性，再逐渐打开心扉。销售在沟通过程中也要觉察自己的性格属性与客户性格属性的匹配度，以便找到舒适的沟通方式。

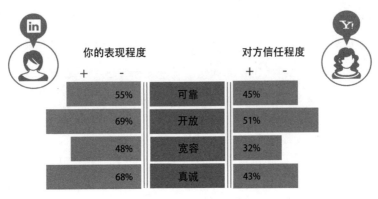

图 2-1　沟通中的四个性格属性

1. 可靠

可靠通常是建立信任的基本条件，可以用"凡事有交代，件件有着落，事事有回音"来描述，这是生活中的常理，也是销售要秉承的美德。可靠看似简单，要真正做到也不容易。要积极主动地去表现，给客户留下诚信可靠值得交往的印象；如果客户觉察到你哪件事做得不靠谱，已经建立起来的信任也会大打折扣。

2. 开放

通过自己的经历找到与客户的共鸣之处，这便是一种开放。

✎ **案例（2-3）：开放自己，引起共鸣**

当年我负责一个大项目，约见了客户一方的总工程师。他是个业务素养极高的行业专家，从业务角度我无法与他对话，不免有些紧张。

在见面前，我花时间了解了他的经历，设计了沟通方式。开场花了2分钟介绍自己的公司和拜访目的，赞赏他在这个岗位上的担当，然后介绍我自己，有意说到我的成长背景和求学经历，顺便弱弱地问他的相关情况。总工程师从我的介绍中发现了许多共同点：他与我同年出生，同年高考入学，上大学前都在社会上漂了四年。彼此产生了共鸣，使交谈变得顺畅和愉快起来。

事先设定的30分钟见面时间到了，结果超出了预期。他当下就联系了相关部门负责人，让我带技术专家去该部门做技术交流。

销售过程中这样的例子有不少，销售可以通过一些经历或者爱好，比如旅游、摄影、打球、欣赏古典音乐等，引起客户共鸣，降低对方的防范心理。这便是自我开放带来的好处，但一定要找到合适的契机自然带出，千万别弄巧成拙。

3. 宽容

当面临逆境时，设身处地为对方着想，主动担待和让步便是一种宽容。

案例（2-4）：摆正身份，多理解少抱怨

有一年，我作为公司副总经理初次去拜见一家研究所的业务处长，当时找他的人很多，他已经厌烦见服务商。经过不懈努力，他终于答应晚上加班结束后与我见面。当晚我冒

雨站在研究所门口等他，传达室值班人见状让我到传达室里面避雨，近3个小时，我既没有接到处长的电话，也没有见到其人。

我郁闷地回到酒店，宽慰自己说，处长没有出现一定有他的原因，也许他曾经出来到门口找过我，但我在传达室里面躲雨，因为我们相互不认识，所以错过了。

第二天一早，我平静地给他打电话，说昨晚没能见到他，挺遗憾的，不知道今天还有没有机会。他爽快地答应了，立即安排了具体见面的时间和地点，随后我们进行了不错的沟通。

销售要在规定的时间内完成任务，而客户也有自己的处事规则和工作安排，后者有时会与销售行为产生直接冲突。这时，要遵循客户优先的规则，保持耐心，得到认可之后再去行动，宽容以待往往会取得意想不到的效果。

4. 真诚

真诚没有一个绝对的标准，实事求是便是一种真诚。

案例（2-5）：学会尊重，保持真诚

有一位销售主管分享了一次项目推进的经历。

一天，她去拜访与竞争对手有过接触的客户，当她给客户介绍方案时，客户一方的主管冷不丁地提出了一项自己设想的解决问题方法，询问销售主管怎么才能让这个方法落地。

销售主管感觉客户提出的处理方法并不成熟，颇有为难之意，鉴于当时的场景不便当面回应，便真诚地说："这是一个很好的问题，在我多年的咨询服务经历中，很少听到客户自己提出方案落地的操作方法，说明您对这项服务有很深的思考。凭借我现有的业务知识，还无法给您一个满意的解答，希望您能给我一天时间，我回去后立马组织咨询专家讨论，明天再答复您好吗？"客户主管当着众人的面不好拒绝，于是销售主管避免了一次"碰撞"。

随后她依据与业务专家讨论的结果，与这位客户主管又安排了一次较深入的沟通，项目得以向前推进。

分析一下当时的场景，客户主管可能受到竞争对手的影响，也可能对销售主管的方案不满意而提出了质疑。销售是来为客户提供服务的，要尊重客户的想法，若没有准备匆忙应答，结果往往不会太好。这时需要先了解客户想法背后的原因，再用实事求是的方式真诚面对客户，争取客户的理解，为建立信任做好铺垫。

创造良好的沟通环境，是销售必须练就的基本功，所以在沟通中不妨多关注细节。首先，要揣测对方的性格属性，及时调整方法，扬长避短。其次，基于时间的限定，没有必要面面俱到，要根据场景，积极探询客户的想法，找到默契点，构建一种良好的沟通氛围。

（二）让客户感动、心动

销售管理者经常会提醒销售要学会沟通，有时会设置一些模拟的场景让大家练习。遗憾的是，大部分销售场景是难以模拟出来的，即使有30多年销售经验的我，也无法模拟出实战场景让销售感知和体验。

不妨换一种方式，要求销售在沟通中以让客户感动、心动作为出发点，引导销售与客户互动，从而激发销售依据自身特点去完成一次有效沟通。

1. 让客户感动

✒️ 案例（2-6）：把简单的事做到极致

一家大型制造企业的董事长即将去法国考察一个工程应用项目，该企业的一位主管向一家服务商寻求协助，并透露董事长这次还要考察其他项目，时间安排比较紧。服务商总经理（简称总经理）得到信息后高度重视，立即做了一份考察行程安排计划书，向企业主管通报。

为了将这次出行安排得万无一失，总经理专程前往法国打前站。

他从基本行程开始，对接待车型、行程路线、中途堵车的可能性和行驶时间都一一做了测试；对董事长入住酒店的位置、环境、住宿的房间及朝向、用餐的种类和口味都做了仔细的考察和安排。此外，还亲赴董事长即将考察的法国企业，向相关负责人通报了国内企业的背景、考察的内容和关注点，对交流的时长也做了测算。

在总经理的精心安排下，企业董事长一行的考察活动非常圆满和顺利。回国后，董事长对安排行程的服务商总经理表示了诚挚的感谢，总经理也借此机会完成了一次对企业董事长的高效回访。

以上案例表明，把一件貌似简单的事做到极致，直接帮助对方提高效率，会让客户心存感动。这种感动将在一段时间内持续发酵，对双方关系起到良好的促进作用。说到底，客户一向偏爱态度认真、服务到位的合作伙伴。

2. 让对方心动

案例（2-7）：意想不到的心动

十几年前，我受邀去一家大学的商学院做演讲，商学院院长给我分享了该大学发生的一件事。

两个男生同时追求一位女生，女生不知该如何选择。临近假期，铁道部门提前到学校售票，男生A抢先买好了与女生同行的两张火车票，护送女生回家，男生B知道后懊恼不已。

也许是那一年的流行歌曲给了男生B灵感，在女生回家的当天，他买了999朵玫瑰，通过车站"小红帽"服务人员提前进站，将玫瑰布置在女生要搭乘车厢座位的行李架上。

当女生和男生A一起进入车厢入座时，女生被座位行李架上的花束所惊呆，男生 B 出现了，他指着 999 朵玫瑰，对女生说："999 朵玫瑰代表我的心，祝你假期天天开心。"说完从容地离开了，女生眼中顿时溢满了泪花。

火车开了，车厢中的乘客纷纷打听男生 B 的情况，并为其点赞。此时，女生在属于自己的花簇中沉思并感动着，而男生 A 尴尬地坐在一旁，不知所措，望着车窗外发呆……

从人性的角度而言，当一件事至关重要时，人一定会走心。在以上案例中，男生 B 开局不利，要想赢得转机首先要让女生心动。这与销售场景多有雷同之处，要想扭转局面，最好的方式是做出让客户意想不到的事，让客户刮目相看，再顺势而为，便有可能峰回路转。

以上两个案例的做法和出发点不同，但目标都是让客户感动、心动。如果销售能以这两点作为出发点，努力尝试，建立信任便有了着力点。

第三节
建立信任路线

获得客户信任是一个循序渐进的过程，需要拟定一条建立客户信任的路线图，防止走偏。

一、拟定阶段目标

做培训时，我通常会先出一个选择题来了解销售的目标感。

初次拜见客户的时间有限，你最想取得的结果是什么？三选一：

第一，证明自己公司的实力。

第二，了解客户的应用需求。

第三，客户不拒绝与你下次见面。

上百份的试卷测试下来，不少销售会选择第一项或第二项，看似信心满满，不畏艰难，却缺乏了目标感。事实上，在没有建立客户信任的情形下，要在约定的时间内完成这两项任务是非常困难的。有经验的销售可能会点燃客户，但在有限的时间内依然难以有所斩获，产品销售或有例外。所以，最好的结果是确保完成最后一项任务，在客户不排斥的基础上再努力尝试完成第二项任务。

建立客户的信任需要逐层推进，时间节点和效率都是不可忽视的要素。如果没有目标，边走边看，或者目标不切实际，达不到期望时再回头去弥补，不仅浪费时间，还影响项目的推进效率。不如根据场景先设定实现有把握的单一目标，步步为营。

二、引发客户互动

建立客户信任的判断尺度不一。如果一个销售告知主管，在这次交流中客户明确表示需要他们的服务，他已经达到了拜访的预期效果，与客户建立了信任，真的会是这么简单吗？在不少场景下，客户对竞争对手可能也会说同样的话，所以这类话并不一定表示客户信任已经建立。

如果这时主管追问，在此次沟通中哪项服务让客户心动，从而产生了对他的信任？能回答上来的销售不多，因为在沟通中销售并没有注重这个环节，缺少了与客户的互动。恰恰这一追问更能验证客户对销售的信任程度。

如何才能引发客户的互动？一个重要的基点是你能从客户的视角看问题，参见图2-2。

对客户　　　　对客户存在的　　　方案和案例
背景有所了解　　问题有所判断　　与客户应用相关

图 2-2　引发客户互动的要点

综上，从客户视角出发，引发双方互动，是建立信任路线的基本要务。一是对客户有一定的了解，例如客户的行业地位、对标企业、企业愿景等。二是对客户当前存在的问题有所察觉和判断，例如制约企业发展的因素、当下存在的问题等。三是公司的成功案例和方案与客户应用的相关度，例如公司实施过与该企业类似的项目，在实施过程中积累了经验和教训，可以帮助客户受益。

在建立客户信任的过程中，先要理解以上要点，然后有效地调用公司的相关资源，以此触发客户与你在业务方面的互动，诱发客户产生与你共同将项目向前推进的意愿。

三、找到合适的切入点

在建立客户信任的路线中，要关注三个切入点：一是以客户为中心；二是从客户业务需求的角度去影响客户；三是现身说法，打动客户，参见图2-3。

■ 以客户为中心 01

■ 从需求角度去影响客户 02

■ 现身说法，打动客户 03

图2-3　找到合适的切入点

（一）以客户为中心

✎ **案例（2-8）：简单的事其实不简单**

几位男士去法国参加一次商务会议，会议结束后，都想给自己的夫人买块高级手表做礼物。他们一起走进一家名牌手表店。一位法国女郎重点介绍了几款适合女士的手表，大家议论纷纷，一时不知该选哪一款。这时，一位较年长的男士出现了，自我介绍是店里的大堂经理，经常帮助顾客给女士们选手表，很有心得。如果男士们愿意，他可以帮忙。

接下来，他把那几款手表拿出来，从不同功能、价格、造型、职业匹配等方面，非常专业地做了介绍，男士们被他的专业知识所吸引，有三位男士明确表达了对其中一款手表的购买意向。

于是，大堂经理邀请三位男士到一个安静的房间。原以为他会给三位男士统一讲述购买手表的注意事项，谁知他坚持做一对一的服务，从品牌特色、使用方法到注意事项、日常保养，让使用者亲自操作并具体指导，耐心地回答了每一位男士关注的问题。每人服务时间均超过20分钟，三人足足用掉了一个小时。

三位男士充分享受到购买的乐趣，完全忘记了当初要"货比三家"的原则，直接刷卡结束了这次购买旅程。

设想一下，当你在购买高端手表的过程中，不仅学到了知识，选到了合适的款式，还享受到了超值服务时，怎会拒绝？以上案例说明，营造以客户为中心的沟通氛围，诱发客户需求背后的需求，面对面地与客户充分互动，建立的信任关系才是稳定的。

（二）从需求角度去影响客户

案例（2-9）：充分理解客户需求，提供专业服务

一家咨询公司原本是通过顾问型销售挖掘客户的需求，以提供解决方案见长。公司看到市场的需求很大，为了迅速扩大市场份额，聘请了一位产品销售能力很强的人担任销售总监。新任销售总监认为顾问型销售方式成本过高，销售周期长，扩大客户的触达率才是提升销售业绩的直接手段。于是改变了销售模式，招聘了一些有市场能力的销售人员加以培训，并通过严格的成本效率方式来管理销售人员。

在他的管理下，销售人员与新客户接触的数量翻了4倍，接触客户的成本也下降了一半，成功地塑造了一支高覆盖率、低成本的产品销售队伍，但是奇怪的是成交的客户却不断减少，老客户也纷纷离去。究其原因，发现公司服务的客户大多是解决方案服务的购买者，而产品销售不愿意花时间了解客户的业务需求，于是失去了大量客源。

由于这位销售总监对市场判断错误，按照自己过去的成功经验改变了公司原有的销售模式，失去了新老客户的信任，给公司发展带来了负面影响。后来公司解雇了他，重新建立解决方案销售队伍，采用与客户的价值期望相匹配的销售模式，才逐步夺回了先前的有利地位。

以上案例表明，解决方案销售不能采用产品销售的模式去获得客户信任，而是要通过了解客户的业务需求，与客户产生积极互动，从而得到客户的认可。疏忽了这一点，便偏离了建立客户信任的路径，结果当然就不好说了。

所以说，从客户业务需求的角度触发客户，得到的信任才能持续。

（三）现身说法，打动客户

在沟通过程中，可以采用现身说法的方式让对方若有所思，从而引发互动，营造出共情共鸣的场景。

案例（2-10）：一次逆向触发的互动

有一年，我和销售经理一起去拜访一位有着多年数字化应用经验的重要客户。交流开始后，销售经理介绍了公司和有针对性的解决方案，展示了与客户相关的成功案例，随后针对客户业务人员提出的问题一一解答。但我发现，客户的业务主管副总工程师一直不怎么说话，这让我有些担心。

联想到副总工程师主管过很多实施项目，在前一阶段交流完成后，我有意提到我们公司在一个千万元级的服务项目实施过程中的曲折经历。当时，这个项目实施效果与用户的期望出现了较大的偏差，导致项目延期，我们与用户的关系也变得紧张起来。这时副总工程师被触动，他开始询问我们实施过程中出现的问题类型和应对方法，借此机会，我让熟悉这个项目的售前经理与副总工程师对话，双方交谈了很多实施过程中的具体问题，副总工程师的情绪被调动起来。

交流结束时，我向副总工程师强调，在行业上我们公司的纠错能力最强，因为实施过的同类项目是行业里最多的，踩过的坑也最多。他回应说："是的，做过与没有做过不一样，可能还会有一些没有想到的问题，我们以后再做交流吧。"借着这句话，我顺势安排了下一次与他见面交流的时间。

上述案例表明，销售所说的优势不见得是客户认可的优势。这时要关注客户高层的想法，换位思考，从客户的角度出发，无论是成功的案例或者失败的教训都能激发客户的联想和兴趣，从而产生在业务方面的互动。

以客户为中心是建立信任的基础，但不少销售做不到位，这时不妨拟定一个参考路线让销售尝试。首先，从设定目标开始，让他了解建立信任的前置条件，关注建立信任的几个参考点，针对具体项目多做演练；其次，要与销售一起分析预判客户的场景，掂量一下自己和公司独特的佐证物料，有意铺设建立信任的一些节点，有目的地触发与客户的互动，从而得到客户的信任。

第四节
设定监测节点

上面谈了建立客户信任的行进路线，现在讨论一下相关的执行节点。

一、客户认知历程

客户认同服务商会经历一个过程，以下简称为客户认知历程。

（一）客户认知程度

客户认知会有两个层面：一是不关注销售的观点，有可能是对应用的认知不够，或需求不迫切，这时销售需要调整行动计划，从基础的事做起；二是客户认可要做这件事，之前也做了功课，对销售公司甚至竞争对手都有所了解，此时销售要设法将其关注点聚焦到自己身上。

（二）客户存在疑虑

与客户接触后，客户会带着已有的认知质疑销售。即使当时没有提出疑问，也不代表以后没有疑问。客户疑虑是项目推进的一个关键节点，成功、失败、反转皆有可能。销售要在项目推进的过程中有所觉察并及时反应。

（三）客户接受与否

客户在听了销售的介绍后，经过判定会选择接受和不接受，销售要及时判断，尽快地用一个贴切的话语去询问，比如说："不知我刚才问题说清楚了吗？能不能解决您的问题？"以此来关注客户的反应，确定客户的接受程度。

以上三个层级，便是客户认知历程，如果不能清楚地判断客户认知历程，正确地做出回应，沟通效率会大打折扣，甚至产生错觉。这是一个循序渐进的过程，在合适的时间做合适的事，结果才会更好。

二、行进目标拆解

（一）阶段目标设定

一次拜访就能完成签单的概率非常小，因为客户认知历程不会一步就完成。销售需要根据客户的场景，设定可实现的单一目标。譬如这次行动目标是让客户接受你的方案，这里会经过信任、质疑、接受几个阶段，那么此次的单一目标就是建立客户信任，然后按阶段逐项推进，与客户相伴而行，逐步完成让客户接受方案的目标。

这时要注意两点：

1. 开放自己

（1）好的开场白：从客户的背景谈起，认真聆听，了解客户的现状，发现客户存在的问题。

（2）时间设定：如果有客户高级主管在场，谈吐要有分寸感，有效沟通时间不宜超过15分钟。

2. 目标单一

（1）与客户互动：从客户的视角出发，通过专业能力和实施中的现身说法，让客户感动、心动。

（2）最低要求：聚焦到销售的服务项上进行讨论，如果讨论不充分，直接安排下一次业务交流的具体时间。

（二）行进中的要点

针对客户认知历程要做好行动前的准备，保证行进效果。

1. 了解客户画像

客户画像即沟通对接人的角色和特征。要尽可能地了解其职务、经历和其他特征，以及喜欢的沟通方式和性格特点。

2. 客户期望预判

这里指的是客户根据当前的企业状况、行业地位、对标企业，希望服务商提供哪些服务以解决他们在相关应用和实施方面存在的问题。这种愿望可能是现实的或者预期的，销售需要预判当下客户存在和关注的问题，准备应对方案。

3. 辅助工具

预估见面沟通时间，准备好沟通载体，例如PPT、相关案例、方案（产品）DEMO、沟通纪要等。

三、四个监测点与执行

建立信任要求销售在服务项上与客户产生互动，需要设定相应的监测点，以此来判断客户愿意接受服务的程度，参见图2-4。

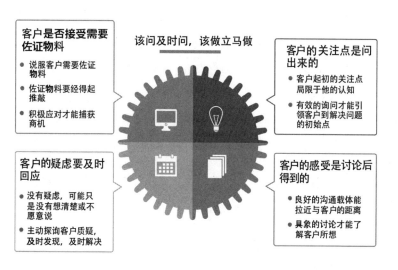

图2-4　四个监测点与执行

（一）客户的关注点是问出来的

销售在拜见客户时，要用心设定沟通目标，了解客户的关注点，做好相应的预案。以下是我经历过的一件事。

案例（2-11）：尽早确定客户认知程度

有一年，通过A电力局领导的举荐，我带一位区域销售去拜访 B 电力局领导。见面前我提醒销售，把时间控制在 15 分钟内。

见面后我觉得 B 电力局领导不够热情，区域销售也有所察觉，直接拿出公司介绍资料要递给他。我用脚触碰了一下区域销售，阻止了他的行为。因为时间只有 15 分钟，如果等领导翻看完资料，一半时间就过去了。

我接过话题，花了 2 分钟表达了我们的来访目的，之后从对方的业务说起，介绍了我们成功完成 A 电力局下属的一个电厂项目以及客户获得的收益，顺便提到这家电厂与 B 电力局管辖的一家电厂规模一样，于是我们有了共同的话题。B 电力局领导理解了我的用意后说："我们局下面的这家电厂虽然与你们实施项目的那家电厂规模一样，但起步晚，很多基础建设还没有完成。不过你谈到的电厂信息化不错，我们有兴趣，以后一定会考虑。"

我紧接着追问，该厂的信息化部署大概什么时候开始，他说至少一年以后，这时我心里有数了，拜访在轻松的场景下结束了。

根据了解到的情况，我把这个项目从本年度销售预测表中转移到了下一个年度。

以上案例说明，在初次与客户见面时，首先，要掌握客户的认知历程，确认客户此刻的认知时点和关注点，以便在合适的时间做合适的事。其次，要控制时间，千万不要想当然地递交公司的介绍材料，而忘记你此行的目标。

通常，客户起初的关注点局限于他的认知，有效询问才能引领客户到解决问题的初始点，所以，该问的要直接问。

（二）客户的感受是讨论后得到的

一旦知晓客户的关注点后，要尽快找到一些具象的方法，让客户对我们的方案感受更多一些、更深一些。

我在互联网咨询服务公司做顾问时，总结了加深客户感受的一套方法。针对比较初级的客户，我会提供一个调查问卷，问卷有5个方面，涉及70多个通用问题，用EXCEL格式呈现，在首次沟通时与客户共同填写完成，以雷达图的方式呈现，时间控制在10分钟内，以免让客户产生厌倦。通过这个问卷，销售能了解到客户的基本情况和可能存在的问题，由于这个问卷是客户参与完成的，所以带给客户的感受是真实的。

随后，填写一个沟通纪要标准模板（针对所有客户，包含但不局限于初级客户），主要包含客户背景与存在的问题、我们对客户存在问题的认知、需求中的初步共识、下一步行动计划等内容。这个沟通纪要是在与客户讨论的过程中共同完成的，沟通结束后整理成文档当晚发送给客户，并请客户确认。通过以上方法，大多数初中级客户会有好的感受，觉得我们这家公司是专业和认真的。

沟通纪要对销售来说是个约束文本，要求销售不但要主动向客户告知做沟通纪要的意义，加深客户的印象，而且要在规定的时间内收集完成咨询服务要求的基本事项，迫使销售主动与客户沟通。事实上，良好的沟通载体能拉近销售与客户的距离，具象的讨论才能帮助销售了解客户所想。

（三）客户的疑虑要及时回应

面对激烈的市场竞争，销售存在的意义就是要勇于直面客户的质疑并即刻应答。

客户疑虑是一件再正常不过的事。如果在项目的某个推进阶段中，客户没有提出质疑，很可能是暂时还没有想清楚。销售要主动去探询，通过互动发现问题，及时对客户疑虑做出回馈，这个疑惑如果延续到下一个阶段多半会被放大，那时再应对会更困难。

案例（2-12）：客户质疑的背后

一家运营了十年的头部企业需要股权服务，投资机构推荐了一家对口的专业咨询公司。

咨询公司的销售经理A与客户业务主管在首次交流时效果不错，业务主管直接将A引荐给了企业的高层领导。在第二次交流时，客户决策层中的一位领导说："你们公司太年轻了，我们还会考虑其他一些咨询公司或律所的方案。"A没有意识到这席话中有"硬伤"，匆忙辩解了几句，但客户似乎并不认同。交流结束后，A闷闷不乐，但碍于自尊心没有马上向公司通报。

回到公司，A通报了这个项目，轻描淡写地谈到这个点，咨询公司CEO立即警觉起来，认为如果不能解决客户的这个疑虑，项目可能就会搁浅。她立即联系投资机构协调与客户决策层见面，并在第一时间乘飞机过去拜见客户。

以下是CEO真诚说服客户决策层的一席话。

"我非常重视您这样的高端客户指出的问题，这是我们进步的动力，所以我专程飞过来拜见您。"她继续说："您担心我们经验不足，其实几年内，我们服务的客户已经有几百家了，您可以花20分钟，听听我创建这家公司的初衷和做股权服务的体验吗？"鉴于CEO的坦诚和投资机构的背书，客户决策层没有拒绝。

"在创建这家公司之前，我在国内一家知名的律所证券部做主办律师，专业做股权服务项目。我发现律师主要以制作法律文本为主，并不会对股权服务的实施结果负责；而咨询机构的重点不放在日常股权期权管理服务，所以对股权激励的效果也不关注。这两类机构收费很高，但都不能满足客户对股权服务持续的需求。于是我想到，如果成立一家公司提供一站式咨询服务，再加上股权管理的SaaS系统，就可以弥补律所与咨询机构的不足，满足客户全生命周期服务的需求，这是我创建这家公司的初衷。

"股权咨询和SaaS系统的结合服务近几年才开始，通常好的证券律师一年最多也只能做3个左右这类的项目，而我们的主管咨询律师一年至少可以保质保量地实施6~8个这样的项目，实施结果会通过我们自己开发的 SaaS 系统来交付，以保证服务的持续性，这种一站式服务不是律所和咨询机构主打的方向。现在我公司每年都会出一份国内股权服务分析报告，来说明股权服务的市场需求情况，业内很多人都会关注这份专业分析报告。

"如果您觉得以上的话无法验证，建议您关注一下我们今年完成的服务项目，我也可以提供一些高端用户 CEO 的联系方式给您，您可以了解他们对一站式服务的感受。

"最后我还想说，您是我们最重要的客户，我会安排最好的律师来负责您的项目。如果您还有疑虑，我们可以协商项目的付款方式，倘若项目实施失败我们承诺全额退款，这恐怕是业内第一家敢于对重要客户做出这样承诺的公司了。"

CEO 的坦诚、自信以及真诚的承诺，终于打动了客户决策层，项目再次向前推进了。

成熟的客户往往带着问题找答案，在鉴别中求结果，销售匆忙的应答多半满足不了他们的要求。

在上述案例中，CEO 没有像 A 一样"见招拆招"，而是认真地思考了客户质疑的背后原因，换位思考，从行业发展的角度出发，拿出佐证物料有理有据地去说服客户，并及时地做出相应的承诺，打消了客户的疑虑，重新得到了客户的认可。

以上案例表明，客户有质疑是一件好事，至少多提供了一次销售与客户互动的机会，就怕他们有疑虑不直接说，拖延下去麻烦会更大。所以，对于客户的疑虑要早发现，早解决，如果自己不能解决，一定要及时向公司"报警"求援，这是销售的义务，也是销售的责任。

（四）客户是否接受需要佐证物料

以前，市场信息不对称，销售把产品和方案讲得有声有色，甚至有些夸张，客户也可能接受，因为客户没有机会去验证。现在，各种信息渠道畅通，辨伪求真比较容易，因此销售的说法一定要准确，如果说话不严谨，一旦出现硬伤，以前建立的信任便会瞬间瓦解，变成今后的不信任。

在销售项目进行过程中，当客户不再追问，你便松了口气，认为解决了客户疑虑，其实这个过程可能并没有走完。当然，也可能由于你的人格魅力、业务能力和过程把控能力，初步建立了客户对你的信任，但这个过程依然会有反复，因为客户不是一个人，而是一个团队，一个人没有疑虑，不能代表这个组织中的其他人也没有疑虑。尤其是在项目初始阶段，如果不能解决客户信任问题，风险会随着项目推进而放大。

以下是我经历过的一件事。

案例（2-13）：通过行业成功案例证明自己

多年前，我挖掘了一家新客户，该客户的产品和应用需求与我们成功实施过的数个项目很类似，我们设定这个客户为理想客户（赢率高的客户）。

起初，客户对我们挺热情，主动与我们探讨方案，后来渐渐地发现客户的热情不像以前了。在一次例会上销售通报，原因是一家竞争对手介入并完成了高层拜访。我们很了解这家竞争对手，技术实力和实施能力都不如我们。董事长认为，这个局面之所以出现，很可能是因为没有向客户充分展现我们的价值和能力，导致客户不放心。他直接指示销售尽快向客户展示我们实施过的成功案例，这些真实场景与客户的应用高度类似，特别要讲清楚项目实施的难点和用户最后的收益，而这些实施过程是竞争对手无法做到的。

经过两次内部演练，销售捋清了思路，与客户再次沟通，注重与客户在相关业务应用层面上的讨论，加深了客户对项目实施难点的认知。数次交流后，项目得以有效推进。

上述案例说明，即使是理想客户，也要在适当的时间节点，充分展示并通过案例（佐证物料）证明你的优势，否则项目推进过程会被拉长，留下隐患。

讲清楚同类项目的成功案例，直接将客户带入相应场景，便为建立信任提供了有效佐证；通过案例解析，让对方了解你的专业精神和资源调配能力，促使双方积极互动，会直接提升客户信任的层级。

另外，佐证还需要有力度。要从客户接受的角度出发，列举与客户的业务相关联的事件对未来的推测，将已经被证明的事情作为佐证物料。要提供经得起推敲的"呈堂证供"，根据客户的认知程度，持续地向客户输出，以加深客户的信任。

以上是建立信任路径中的四个监测点及执行过程，也是我在实战中得出的感悟。这里不仅要对建立信任中的关键节点进行监测，还要划出重点，做好预案，减少差错。最好有针对性地加强实战模拟训练，以保证行动效果。

本章小结

本章的核心观点是：不在于你说了多少，而要关注客户与你互动了多少。

没有信任就没有生意可言，这是一个硬道理。建立客户信任不能一蹴而就，需要有一个过程，要有如履薄冰的危机意识。不能存有丝毫侥幸心理，将客户对我们的好感误解成信任，更不能因为客户没有提出质疑就掉以轻心。

建立客户信任，是为了让我们行进在一条正确的道路上，而效果监测则是保证我们尽快实现阶段目标的重要手段。

建立客户信任有四要素，见图2-5。

第一，学会换位思考，观察客户的视角和想法；第二，讲究沟通方式，根据目标进行有针对性的安排；第三，拟定信任路径，保证与客户能在业务上产生深度互动；第四，设定监测节点，以保证建立客户信任的有效性。

本章列举了一些方法和案例。销售要根据实际销售场景加以理解并灵活运用，不可生搬硬套。如果销售愿意花时间理解和熟悉以上方法，有效地组织和调用资源，利用自己擅长的方式在关键节点发力，实现与客户在业务上的有效互动，跨越第一关隘便指日可待。

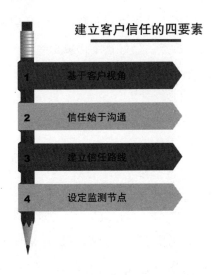

图 2-5　建立客户信任的四要素

不应疏忽的环节

是你判定的，还是客户
认可的
是对接人还是决
策人的需求
需求的再次确认
客户需求与期望

需求的三个层级

显性需求
实际需求
隐性需求

挖掘需求的路径

三个检测点
五个推进节点
两个着力点

锁定需求的运行与监测

运行路径的五个节点
锁定需求的四个监测点

斩获第二将

答疑解惑

主动探询，以防不测
答疑解惑是项目的临界点

斩获第一将

佐证物料

准备佐证物料
佐证物料的应用

锁定需求是目标销售进程中的第二关隘。此时客户旅程是梳理需求，但在初始阶段客户并不一定明确自己的需求，需要服务商协助；销售的任务是抢在竞争对手前面，迅速挖掘并锁定客户需求（见下图）。

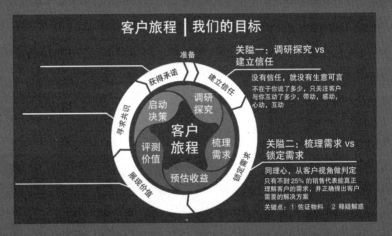

目标销售进程图之第二关隘：锁定需求

随着客户应用层级的不断提高，需求的颗粒度越来越细，对销售的要求也越来越高。一家全球化的知名企业统计，只有 25% 的销售代表能真正理解客户的需求，并提出客户需要的解决方案。给我们的提示是，销售要真正了解客户的需求不是一件轻而易举的事，需要掌握客户需求的生成和变化，抓住重点，不断挖掘，去伪存真，才能见到"真佛"。

为了实现锁定需求的目标，需要注重六个方面：需求环节、客户层级、执行路径、佐证物料、答疑解惑和运行监测。

第一节
不应疏忽的环节

我在培训销售时，常会与销售讨论锁定客户需求的问题。面对我的质疑，有的销售会怼我："在这方面应该没有什么问题，如果不了解客户需求，我的那些项目怎么能成单？"我回答："你说得没错。过去的成单与客户的环境和成熟程度有关，很可能满足了客户某一方面的需求，而客户正好着急要解决这方面的问题，其中还有信息不对称的原因。如果客户现在重新选型，你用先前的做法还能保证成交的一定是你吗？"言下之意是提醒他们，随着客户应用层级的提高，销售需要缩小颗粒度，及时感知并捕捉客户在选型过程中需求的不断变化，要知道过去的方法不一定能解决现在的问题。

这个问题可以分四个场景进行讨论。

一、是你判定的，还是客户认可的

有的销售觉得这个命题过于较真，也不太会在意，可一旦这方面有了偏差便会延误项目的推进。销售在与客户做过一两次沟通后，发现对方的主要负责人对需求有了回应，就判定这项需求客户已经认同了，开始准备解决方案并提交报价，其实这时客户的需求仍是不确定的。

案例（3-1）：是你判定的需求，还是客户认可的需求

有一年，我带一位售前工程师A拜访一家央企的总工程师，目的是锁定客户需求。当A知道总工程师和他是同一专业的学科背景后异常兴奋。A告诉我，这家央企与他原来工作的企业业务非常类似，他十分了解这类客户的需求，搞定这个项目没有多大问题。

在交流中，总工程师问了一个专业应用的问题，A的应答得到了总工程师的点头认可。A接着说这个应用问题与企业当下的需求有关，总工程师没有给出回应。转眼十多分钟过去了，我意识到是哪里出了问题，便打断了A的话题，再次说明了我们的来历，请总工程师谈谈他们的想法和计划，但总工程师的话依然不多。A怕冷场，接着介绍了很多我们在类似企业解决方案的执行情况，可僵局还是没有被打破。

后来不愿意看到的事发生了，总工程师找到一个借口提前离开，我们错过了与客户高层确认需求的最好机会。在项目后续的推进中，发现我们判定的客户需求与客户实际想解决的问题存在偏差，双方的交流并不在一个频道上，白白浪费了一次机会，只好与客户再次约见，重新沟通。

复盘一下，我们判定的客户需求，并不一定是客户认可的需求，只是销售依据以往的经验，预设了客户的需求。客户的高层管理者一旦不愿意接受我们的预设，便会以他的方式终止这样的交流，而我们白白浪费了一次绝佳的高层拜访机会。

客户愿意与我们沟通，是想让我们了解他们的业务情况，帮助他们梳理需求。如果我们带着一种做科普的姿态，依照已有的认知和经验告诉他们应该怎么做，会让他们感觉不舒服。即使客户当时接受了，也不会走心。此时如果竞争对手出现，帮助客户重新审视需求，发现我们的需求梳理做得并不是那么好，势必影响项目的推进。即便我们与客户关系不错，发现问题再去找补，依然会浪费时间和资源，一旦客户不再给机会，销售项目进程就会停滞。

二、是对接人还是决策人的需求

工作努力和执着的销售，时常会遇到愿意帮助他的客户对接人。例如，当销售提出想找其他业务部门的人确认需求时，对接人会说："你想知道什么尽管问我，领导把这件事交代给我了，你与我部门的业务骨干认真探讨就行了！"当销售关注商务问题时，对接人会说他尽快帮忙打听。因为他的热心，销售往往会选择接受，并且会围绕对接人和他的部门展开交流。其实在这种情况下，销售对项目进程的把控是脆弱的，原因是他不一定找到了对的人。

✍ 案例（3-2）：确定过的需求怎么又变了？

一家咨询公司的CEO（乙方）拜见了需要购买咨询服务的企业的CEO（甲方）。双方经过认真的沟通后，甲方CEO指派了一个对接人（KP）与乙方的销售对接。

乙方销售非常努力，与甲方KP频繁接触，将主要精力都花在了这个项目上，KP对销售产生了好感，积极帮助他将项目向前推进，很快到了待签约阶段。

不久，乙方CRM系统显示该项目降阶了（待签约项目在乙方CRM系统中只能停留两周，否则会自动降阶），销售着急地追问甲方KP，对方说太忙，以后便不再回应了。销售了解到，甲方CEO提出了新的需求，让KP有些意外，鉴于他已经与乙方销售拟定了实施协议，碍于情面不愿意直接向乙方说出，于是选择了拖延回避。后来销售只好请出乙方CEO与甲方CEO直接协调，重新梳理了需求并更新了方案和实施计划书，但成交时间比预期推迟了一个多月。

以上案例表明，销售虽然遇到了愿意帮助他的人，但忽视了在解决方案销售项目中，客户是一个组织而不是单个人。这时销售不但要了解客户的需求，还要了解和判断客户组织的架构和各个岗位的职权范围，确定是谁的需求，并以客户决策人确定的需求为准。

在对的时间找到对的人，才能让项目在规定时间内有序推进。

三、需求的再次确认

解决方案销售的采购合同中约定的客户需求，随后会落实到项目实施中。如果项目前期对客户需求掌握得不清晰，或者没有在实施过程中对客户需求再次确认，实施过程可能会出现波折甚至中止，不仅对公司造成经济损失，而且会对客户造成伤害。

案例（3-3）：需求不清晰使项目搁浅

一家成立了两年的咨询服务公司，发展势头很快，由于销售人手不够，便调用了一些咨询顾问来补充销售队伍。

有一个咨询顾问分配到一个重要客户，她凭借专业功底和有效沟通很快获得客户的信任，不久双方便确定了合约。

由于项目实施推进得太快，她的团队没有对客户需求进行再次确认，导致实施的结果出现了偏差，客户直接提出了质疑，但实施团队对客户提出的问题并没有及时回应和解决，客户开始不满意了。项目实施三周后，咨询顾问带着阶段交付成果去现场向客户汇报，客户直接告知她，现在交付的结果并不是他想要的。此时，咨询顾问非常紧张，调出了技术协议文本，恳请客户再认真地讨论一下，客户已经失去了耐心，不但没有接受她的请求，而且直接通报给咨询服务公司CEO，提出执行协议中的违约条款。

双方经过多次沟通无果，咨询服务公司既承担了违约责任，同时也失去了一个有影响力的重要客户。

上述案例表明，锁定客户需求的任务要贯穿在整个项目实施过程当中，不能仅通过某几个功能节点的实现就认为解决了客户的所有问题。

销售要有风险防范意识，签约前确认的客户需求要落实到项目实施层面，不要认为客户接受了我们的方案就算锁定了需求。实施部门要在项目实施的每个阶段，对客户需求再次梳理。如果此时客户认知不到位，要根据以往的经验，及时就可能发生的问题提醒客户，引导客户重新梳理需求，并设立再次确认的环节，以降低项目实施的风险。

四、客户需求与期望

一些成熟度较高的大客户，在与服务商做过一两轮交流后，会基于自己的应用和实施经验，自行判定服务商的服务能力和价值，以此做出选择。销售如果希望入围并居于有利的地位，就要主动了解客户做过的项目和当下的认知，做好预案。

但事情也会有另外一面。有一类客户的期望值较高，经过比较之后觉得服务商的技术能力可以覆盖其大部分需求，接着又要求服务商进一步拔高能力去满足自己的预期需要。此时销售应该选择迎难而上，还是量力而行？

以下是我经历过的一个案例。

✍ 案例（3-4）：要不要做出过度承诺

有一家行业应用居于领先地位的知名企业，需要购买一套解决方案及服务，这是一个有难度、需要持续投入的项目。我们公司与这家企业有较好的合作关系，我们做了大量需求调研，提出了相应的解决方案，几经交流后方案得到了客户的认可。这是公司的重点项目，我们志在必得。

在项目招标中，我们遇到了一家规模很大、有行业背景的竞争对手，并且竞争对手与该企业在其他业务应用方面曾有过不少合作。我们投标的价格适中，技术应答也得到了较理想的分值。但竞争对手也非常想赢得这个项目，他们在第二轮报价时放出了较低的价格。我们考虑了项目难度和实施成本后基本没有调整价格。此间，企业对竞争对手的实施能力有所质疑，提出了一些附加技术条件，希望投标方能对此做出书面承诺。

我们与企业有过深层次的业务交流，比竞争对手更加理解这些附加技术条件的内容，深知实现难度很大，不得不忍痛割爱，竞争对手抓住机会拿下了这个项目。

谁知两年后峰回路转，我们重新接手了这个项目的二期和三期。剧情反转的重要原因之一是竞争对手无法履行一期合同技术协议中对企业的承诺。

其实，满足客户的需求不仅仅是客户提出想法、我们帮助梳理、然后提交解决方案、客户接受我们并签单那么简单的一个过程。公司考虑问题的出发点不仅仅是如何签下大单，还应该实事求是，客观地把控客户需求的期望值，实现双赢。如果我们的现有能力不能满足客户需求并为客户创造价值时，需要及时沟通，量力而行，不能一味追求签单而过度承诺，这对甲乙双方都没有好处。

<h1 style="text-align:center">第二节
需求的三个层级</h1>

销售如果认为掌握了客户的需求就胜券在握，急着去做方案和商务方面的事，而看不到客户的需求会随着选型过程及决策时间节点的变化而变化的真实场景，可能会给项目推进留下隐患。

多年的销售经历让我变得小心翼翼。在与一个很重要的项目客户沟通需求并得到回应后，依然会觉得不踏实，不时地会反思一下，还有哪些问题没有想清楚？哪些事情还可以做得更好？因为不到最后签约阶段，客户的认知过程并没有结束，一切都存在变数。

解决方案客户的应用场景不同，对需求的认知和行为方式也不尽相同，销售不能用同一种方法对待不同的客户。需要多花些时间研究不同客户所处的环境和认知程度，由浅入深地列出客户特征和认知层级，找出一些有针对性的方法，加快客户的认知过程，提升锁定客户需求的效率，这是下面要探讨的问题。

客户需求存在多个层级，这里仅谈论前三个层级，参见图3-1。其中的百分数代表做到这一步成功的概率。

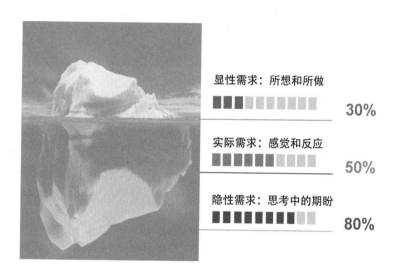

图 3-1　客户需求的三个层级

一、显性需求

显性需求是指客户在与服务商前期的交流中，依照自己行业所处的环境和企业发展的经历，拟定的一套能解决自己当下问题的设想和方法，并会向服务商直接或间接地表述。

通常企业规模的大小和技术应用程度决定了客户需求的层级，不同层级的客户会从自己的视角来审视服务商，如果销售没有心理准备，事先不做判断，仅以技术为导向，客户不一定会买账。

以下是我经历过的一件事。

🏷 案例（3-5）：客户为什么不接受我们的建议

当年，我负责一个国家部委业务部门的信息化项目。在拜访客户之前，我将客户需求和项目阶段目标向本公司技术部门做了沟通。我们的技术团队由国内顶级科研机构的技术人员组成，对国家信息化规划和布局有足够的了解。他们听了这些内容后不甚赞同，很自信地表达了对客户信息化问题的理解，这时我们的内部认知出现了偏差。

在现场交流时，客户着重提出了他们的需求和项目目标，我方技术部门依旧没有及时调整思路。到了介绍方案阶段，技术部门着重介绍了国家信息化的发展趋势，然后向客户提交了实施方案。最后，技术部门向客户强调，信息化要有很好的规划和体系，而我们公司有最好的方案和实施能力，交流就在一片寂静中结束了。

过后，客户反馈我们的方案与客户需求的关联度不紧密。公司技术部门经理随后问我客户是否听取了我方的建议，我答复说我们的方案没有打动客户。

这个案例表明，不注重客户需求，仅以技术为导向的做法是无助于项目推进的。客户在与服务商交流之前，会先给自己的需求下一个定义，在此称为预设。这种预设有时会成为挖掘需求的障碍。作为一个合格的服务商，要想破解他的预设，需要先理解他的思路，然后再找出他认为是好的建议来说服其接受，从而让客户认可你是能帮助他梳理需求的服务商，行动才有结果。换个角度来说，把一个基础应用项目当成科研项目去做，出发点错了，结果自然也好不到哪里去。

面对这样的场景，第一步是理解客户当下的问题；第二步是根据技术手段解决他的问题。在上述案例中，客户需求处在第一阶段，只关心服务商能否理解他的问题，即使服务商的背景再强大，只讲自己认为正确的东西，并没有把客户的需求纳入其中，直接跳到第二阶段，客户不接受你的建议就不足为怪了。

以上讨论的是客户项目启动阶段的显性需求。有经验的销售会认识到这一点，在项目推进时会先分析客户谈论的需求属于哪一类。如果客户认知停留在要解决当下具体问题的阶段，极可能就是一种显性需求。如果销售团队不能从客户的角度去理解，直接告诉客户他应该照你说的去做，又说不出为什么这样做，项目便无法平稳过渡到下一个环节。

综上，显性需求没有被提升到实际需求，客户需求便是不清晰、不稳定的，这时销售应该做的是帮助客户提升需求层级。

二、实际需求

在与客户初步交往时，由于销售的观点或公司的以往项目经历影响了客户，加上销售能提供触动客户的佐证物料，穿透客户的显性需求，使其有了新的感觉和反应，便形成了实际需求。实际需求是比显性需求更深一层的需求，需求提升到这一步，项目便向前推进了。

以下是发生在我身上的一件事。

案例（3-6）：靠什么来触发客户的需求？

有一年，一家工程软件应用居于领先地位的企业，由于原来使用的工业软件厂商转型，需要考虑用同类的工业软件来替代。我们主动联系了这家企业。当企业知道我们对同类工业软件有着多年应用和实施经验时，双方有了一次沟通。我们先从成功案例和实施团队的经验谈起，希望引起客户的提问后再谈他们行业应用的问题，可10分钟过后场面依然很冷。

于是我们换了个思路，着重介绍我们在重点客户项目实施过程中的实践体验。当谈到一家重点客户与他们的一些产品有上下游关系时，客户有了兴致，开始回应。我们适时地展现了双方在项目实施过程中发现和解决问题的互动模式，其中独特的实施运营方法激发了客户的交流欲望。由于时间关系，遗留了一些有待商榷的问题，客户主动提出再安排一次交流。

在第二轮交流中，由于有了具体的话题和内容，交谈显然更加深入了。客户谈到了他们的产品和解决方法设想，我们表达了实施经验和对他们产品应用方面的建议，双方有了进一步的了解。

在几轮沟通和交流后，我们成功签单，不仅为客户提供了软件产品，还承接了部分实施服务。

以上案例涉及的是一个成熟度很高的客户，他们已经历过显性需求阶段，多数会找些有经验的服务商来做比对。公司在做介绍时，客户会带着自己的预设来审视你，如果你不能在规定的时间内，找到话题去触动他们，你至多只是一个"备胎"。所以销售要先知道客户需求的层级，并在有限的时间内想办法触动客户关注的需求。这种触动不一定要全面开花，只要找好切入点，由浅入深，循序渐进，就会取得意想不到的结果。

综上，穿透显性需求，并能与客户在实际需求的层面上沟通和互动，离锁定客户需求的目标就不远了。

三、隐性需求

隐性需求顾名思义就是难以发现的需求，或者说是需求背后的需求。这是指客户在某个时间段想要得到，但自己还没想到如何实现的一种期许。如果你能清晰地描绘出这种期许，同时让他相信你能够帮助他实现，便能将他的需求带入更高的层级。

案例（3-7）：海岛卖鞋

某国制鞋行业已有数百年历史，市场竞争异常激烈，一家制鞋企业老板为了扩大市场份额，想起自己曾经旅游过的一个海岛，希望能在那里找到新的商机。

老板找来两名长期在市场一线的销售人员，让他们去海岛考察当地的鞋业市场，评估开拓市场的可能性。其中销售人员A老成持重，办事靠谱；销售人员B开朗活泼，敢于创新。

A和B迅速行动起来，分头前往海岛调研。一周后两人几乎同时打越洋电话向老板汇报，但内容却大相径庭。A沮丧地报告说，他几乎走遍了海岛，发现当地的土著居民基本不穿鞋，虽有极少数的人穿鞋，穿的也只是一种绑在脚上的草垫而已。居民没有穿鞋的习惯和需求，自然也就没有市场。与A的沮丧相反，B兴奋地说，他走遍了海岛，发现这里的人几乎都没有鞋穿，所以鞋业市场潜力很大，公司应该马上寄出一批鞋子让他和A留在这里就地销售。

听完两人的汇报，老板有些困惑，又派营销总监C过去看看。一个月后新的方案出来了，包含了三个部分：

第一，市场调研（需求分析）。分析了海岛居民不穿鞋的原因。长期以来，由于海岛的自然条件较好，到处都是沙地或草地，而且一年四季都比较暖和，岛内居民养成了打赤脚的习惯，在这里发展业务可谓捷足先登。

第二，可行性（解决方案）。由于岛内居民长期赤脚，缺乏保护，大部分人都患有脚疾，穿鞋对他们来说大有裨益。由于遗传特征和养成了长期的生活习惯，海岛居民的脚部特征和内陆居民有很大不同，所以必须根据海岛人的脚部特征重新设计、生产适合当地人穿的鞋，而不能简单地将已有产品搬过来卖。

第三，落地举措（实施计划）。海岛经济比较落后，当地居民都比较贫穷，为了让他们都能买得起鞋，具体的解决办法是：海岛盛产一种独特的水果，预计销售前景相当好，可以通过公关与海岛当地政府协商，取得该种水果在陆地国家的独家代理权，以补偿在海岛低价售鞋造成的损失。最后，公司还应在海岛开展大量的公益活动，培养海岛居民的穿鞋习惯，并确立公司在海岛的鞋业领导者地位。

这个完整的解决方案，帮助老板做出了即刻投资的决定。

此案例活脱脱地呈现了一个解决方案大客户选型中常见的场景。

老板为了提升公司的效益，有了想去海岛卖鞋的动议，此时的动议（显性需求）其实是不确定的，仅仅是一种心里的期许（隐性需求），需要高人来帮助破解。于是分别请来A、B、C三家"供应商"讨教。经过调研，三家各自提出了解决方案。

A：老板的想法不错，但在特定的场景（海岛）难以成行，老板摇了摇头；

B：老板的动议非常好，应该立即付诸行动，避免商机流失，老板心动了，但还觉得不够严谨；

C：老板的动议是一个创新，但是有风险，不应贸然行事。要进行全面和长远的规划，才能稳赚不赔，老板顿时眼睛一亮，跃跃欲试。

再分析一下案例中的 B 和 C 提供的解决方案。

B：满足了客户的实际需求，但方案没有执行的举措，让客户心里没底。

C：从客户视角出发，不仅满足了客户的实际需求，而且发现了隐性需求，并提出了可落地的执行举措，方案一骑绝尘，让客户即刻下定决心。

这个案例表明，发掘客户的隐性需求，并能提出有效的实施方法，与客户的黏度便会骤然提升，这样的解决方案自然会成为客户的首选。

回顾需求的三个层级。

第一层，客户对自己的问题有了初步的判断，只想找来服务商验证，对解决方案还没有固定的想法，我们称之为有显性需求。

第二层，客户有一定的应用经验，但对自己的需求没有把握，需要找服务商帮助他梳理需求，通过双方的切磋找到解决当下问题的具体方法，供客户决策时选择，我们称之为有实际需求。

第三层，客户有丰富的应用经验，会对服务商的提议做出正确的分析和判断，做出取舍，期望遇到一个能帮助他们分析未来可能出现的问题、提供有效的解决方案、帮助他们提升市场竞争力的服务商。我们称之为有隐性需求。他们一般不会直接提出要求，但会带着问题找答案，如果服务商不仅能理解客户的想法，还能借此触发和探究客户的隐性需求，便在锁定需求的战役中抢占了制高点。

当然，挖掘客户的隐性需求是销售中的一个难点，不仅要有好的洞察力和较高的业务水准，还要有资源整合能力，通过团队协作来攻克难关。

第三节
挖掘需求的路径

客户需求有不同的层级，挖掘客户需求需要经历一个过程。首先是发现需求，然后是梳理需求，最后是锁定需求。要了解这个过程中的几个基本点，再逐一完成阶段性目标，参见图3-2。

五个推进节点
破冰
引起客户兴趣
诱发客户互动
激发客户购买欲望
提供超值服务

三个检测点
好的开场白
聆听与探询
与客户同频

两个着力点
在PPT上下功夫
抓住客户高层的关注点

图 3-2　挖掘需求的路径

一、三个检测点

（一）开场前

现在的客户选择范围很宽，如果说过去对服务商持的是防范心理，现在有可能升级为抵触心理。这是由于客户本职工作的强度和压力增大，只愿意花时间面对有能力的服务商，所以，服务商的开场白显得格外重要。

开场白一定要简洁，真诚，有分寸，不可拖泥带水，要懂得见好就收。好的开场白有时与客户的业务无关，例如企业的环境、洽谈室的布置、企业的文化墙等，聊聊天气也是可利用的"道具"，目的是营造轻松友好的气氛。

拜见客户，除了了解企业的背景，也要关注有没有背书（比如有朋友或者用户帮助推荐），有背书容易让客户降低抵触心理。同时，要了解对接人中职务最高者的经历和背景，做好准备和应对。

（二）进行中

学会聆听是销售书籍和培训中提到最多的词汇之一，其重要性不言而喻。其实聆听有很多讲究，我们模拟一个沟通场景：开场白完成后，如果你认为聆听是一种技能，要等客户先说话，客户多半会说，欢迎你，请介绍一下贵公司的产品吧。这时你可能没有选择，只好按照客户的要求开始介绍公司，这时聆听的机会就没有了。

销售总是希望客户能主动说出他们的需求，但实际情况是，在客户没有认定你是行业专家时，多半不愿意主动说出他们真正的想法。而他们不说，我们又需要聆听，这是一件两难的事。此时，开始介绍产品并不是一个最佳选择，一旦产品介绍得不够有力，客户可能就更不愿意说出需求了。遇到这个场面应该怎么处理呢？

（1）主动探询。比如，在介绍产品之前，可以先讨论一下他们遇到的问题。在讲这句话之前，你需要先对他们的问题有所了解，也准备了对应的答案。

（2）如果客户不说，可以启用准备好的同行业曾经发生过的问题，引起客户的关注。如果谈的问题是落地的、与客户的业务相关性强，客户一般不会粗暴地打断你，这时你创造了让客户说话的场景，得到了聆听的机会。

聆听是销售必备的技能，但要与探询相结合，可参照案例（1-1）。在解决方案的销售过程中，要学会从客户的视角理解客户的想法，找到合理探询客户需求的路径，以便得到客户的回应。

（三）与客户同频

与客户同频，指的是你的说法与客户的想法相近、重合或互相印证，这是对解决方案销售的基本要求。销售需要换位思考，通过不断探询找到客户的关注点，做到与客户保持同频。

基本的判断条件是：你的说法能得到客户的回应和首肯，双方愿意将项目向前推进。

案例（3-8）："打工皇帝"吴士宏的故事

1985年，身为医院护士的吴士宏得到 IBM 北京办事处要招聘前台人员的信息，她鼓足了勇气前去应聘。此前她凭着一台收音机，花了一年半时间学完了许国璋英语三年的课程，一直等候着新机遇的到来。

主考官看了她平淡无奇的简历后，问："你的能力比别人强在哪儿？"她回答："在我的岗位上，别人一晚上最多照看 8 张病床，我可以照看 16 个，并且不会出差错。"这个回答多少让主考官有些意外，但主考官感觉吴士宏已经正确地回答了他的提问。

随后的笔试和口试，吴士宏都顺利通过。最后主考官问她会不会打字，她环视四周，发觉考场里没有一台打字机，灵机一动说："会！"主考官问："一分钟能打多少？"她反问："您的要求是多少？"主考官说了一个标准，她马上承诺说可以。主考官说下次来公司时加试打字。

实际上吴士宏从未摸过打字机。面试结束后，她飞也似地跑回去，向亲友借了 170 元买来一台打字机，没日没夜地敲打了一个星期，双手酸痛得连吃饭都拿不住筷子，竟奇迹般地敲出了专业打字员的水平。而后来 IBM 公司一直没有考她的打字功夫，就这样，她成为这家世界著名企业的一名普通员工。

这是一个精彩的案例。吴士宏在招聘过程中始终与主考官同频，这是普通人很难做到的，主要缘于她平日的努力和要得到这份工作的坚定信念。上述案例表明，面对客户只有同频才能产生共振，只有共振才能得到你想要的结果。

在销售过程中有着同样的场景。比如当客户问："你能告诉我们解决问题的方法吗？"你认真地告诉客户，你的产品有这个功能，但竞争对手没有。当客户关注项目实施能力时，你诚恳地告知客户，你们有好的实施团队，7×24小时电话服务响应。似乎你对客户的问题都做了应答，但这种不痛不痒的回复只表明了你可以做这件事，而客户关心的是这件事你是怎么做到的，此刻双方的沟通并没有在同一个频率上。好的做法是先琢磨客户提问的背后想要得到的答案是什么，然后努力向他靠拢，沿着他的思路应答，以保持与客户同频。

二、五个推进节点

挖掘客户需求过程中有几个时间节点，需要把握节奏，循序渐进。我们可以从以下案例中的五个观测点进行观察和体会。

❧ 案例（3-9）：买西服的故事

一位绅士被邀请参加朋友的婚礼，急需购买一套西服。

他走进西装店，一位美丽热情的售货小姐说："先生您好！您是要买西服吗？这里有好几款名牌西服，这个是当下最流行的款式，一天能卖好几套……"绅士看看她，一声不响地离开了。

他来到另一家品牌店，一位男售货员迎上前："先生，买西服吗？我能帮您做些什么？"绅士边看西服边客气地回答："谢谢！我随便看看。"

男售货员开始打量绅士，停顿了片刻说："瞧您的举止和穿戴的品牌，一定是位成功人士。"绅士笑了笑，作为回答。

售货员得到了首肯，接着又试探地问："您买西服是要参加什么特殊活动吧？"

绅士立即回答说："是的，我要参加一个婚礼。"（观测点一）

售货员顿时来了精神，说："凑巧，我有一个朋友是做公关策划的，我经常向他讨教这方面的问题。其实婚礼有三种情况，着装也有讲究，不知您是否介意我介绍一下？"绅士此时来了兴趣，说："请讲。"

售货员说："婚礼主要分为家人、同事和好友三种形式，每种情况着装应有不同的选择……"

随后，售货员根据情况向绅士提出了建议。（观测点二）

绅士说："不错，我可以考虑接受你建议的款式，但是……"

售货员见绅士仍在犹豫，又提出新建议："您这样身份的人，西服布料及颜色应该有个人的偏好，我可以了解一下吗？"

接着，绅士和售货员轻松地讨论起布料和颜色来。（观测点三）

售货员还介绍说："另外，我们在西服内衬及内兜的设计上还有多项特色，例如……"绅士随着售货员的介绍，开始对西服内部进行观察。

售货员又诚恳地说："您一定会有自己的看法，如果有什么特殊要求可以私人定制。我们的设计师一定乐意接受您的建议，也可以向其他成功人士推荐。"

此时，绅士不由自主地流露出他的个人看法。（观测点四）

价格谈判时刻到了，售货员先赠送给绅士一条与西服十分般配的精美领带，并且是绅士喜欢的颜色，然后又补充说，如果绅士三个月内对西服不满意的话，只要衣服没有污渍就可以无条件退换。绅士非常感谢售货员，连连说自己不但买到了合适的衣服，而且经历了一次美妙的购物体验。（观测点五）

于是，价格谈判在轻松的气氛中顺利结束。

观测点一：勇于破冰，先观察客户的神态和举止；

观测点二：引起客户兴趣，找到吸引客户的关注点；

观测点三：诱发客户互动，将客户品味和需求结合起来；

观测点四：激发客户购买欲望，预判和满足客户提出的要求；

观测点五：提供超值服务，让客户不好意思拒绝。

上述案例表明，锁定需求的过程可以通过有效铺垫逐步展开，将客户带入你的场景，步步深入，从而得到客户的信赖和认可。只有锁定了需求，才能帮助客户做出决策。

三、两个着力点

（一）在 PPT 上下功夫

经验不足的销售常会采用公司通用的 PPT，或准备一些自认为有影响的宣传小册子递交给客户，作为交流的开始。而经验丰富的销售会根据客户的情况，对公司的 PPT 进行精心修改后使用。

在实际运作中，如果时间有限，以上套路可能都不适用，因为客户更关注你讲述的内容能否覆盖他的问题。这时，我们需要先预判并发现能引起客户兴趣的关注点，尽快地展开交流。如何引起客户的兴趣，可以参照前面提到的三个检测点、五个推进节点，尽早与客户产生业务上的互动，及时触达客户的需求。

大部分公司会有 PPT 通用模板，内容一般包括：公司介绍、产品和解决方案、成功案例、实施能力、Q&A 等。如果演讲的内容基本类似，对客户来说就缺乏新鲜感，所以，我们不能懈怠和偷懒，"以不变应万变，"而是要开动脑筋，瞄准客户的关注点，敢于出奇制胜，把 PPT 写出新意，把一件貌似普通的事做得精致讲究，激发客户的兴致，抢先得到加分项。

（二）抓住客户高层的关注点

找对合适的人，做好合适的事。请看我经历过的一件事。

案例（3-10）：客户高层会关注什么？

有一次公司安排我去外地对一个重要客户做高层拜访，拜访目标是让对方觉得我们是最值得信赖的合作伙伴。

出差路途中和我随行的销售主管告知我，客户业务部门负责人已向领导明确表示了对我们的信任，并且这位领导主要的关注点是我们的实施能力能否保证项目的成功。这时，我请销售主管模拟在沟通中怎样争取客户高层的信任，结果发现他底气不足。

我追问销售主管，交流的PPT是否准备好了。他说有现成的模板。我提醒他，此行的目标是让客户高层在有限的时间内提升对我们的信赖程度，让客户高层通过PPT更多地看到成功客户的实施案例和客户收益的数据，既可以加深印象，也可以借此机会观察客户高层的反应，及时调整我们的思路和行动方向。

销售主管理解了我的想法，用心制作了有针对性的PPT。这次高层拜访，我们预判了客户高层的关注点，在有效的时间内通过PPT与客户高层同频共振，得到了客户的认可，达到了预期效果。

在上述案例中，我们此行的目的是要得到客户高层的深度认可，所以必须关注执行效果。根据不同的场景制作有针对性的PPT是不能省略的。在制作过程中，应从客户的视角出发，针对客户的关注点，模拟沟通中可能触动客户的几个方面，与客户保持同频，这就是一种以结果为导向的主动销售行为。

综上，挖掘和锁定客户需求是一个复杂的过程。起初客户对需求的概念可能是模糊的，随着双方交流的不断深入，客户需求逐渐会变得清晰起来。如果我们起初就能陪伴客户，了解他们的初衷和设想，设定可行的目标并持续铺垫，找到合适的路径与客户同频，便能成为客户最信赖的服务商。

第四节
斩获第一将：佐证物料

提供佐证物料，是目标销售"过五关斩六将"要斩获的第一将。

刚才谈到，把握客户的需求层级，是销售锁定客户需求的要务之一，但提升客户需求的层级，离不开有效的佐证物料，因为要通过这些佐证物料向客户证明你公司的实力。

一、准备佐证物料

（一）知己知彼

面对重要的客户，不仅要约定好拜访时间，还要协调相关人员和技术资源，做好各种准备，提升沟通效率。如果客户在外地，拜访一次就需要花费数额不小的差旅费，如果此行不顺利，还需要安排下一次拜访，投入的人力成本和时间成本是非常昂贵的。所以，销售要珍惜机会，做好充分准备，力争取得最佳效果。

初次拜访大客户，基本任务是让客户了解我们的实力并接受我们的观点。这里说出你的观点很容易，但验证客户是否接受却不是一件易事。要做到这一点，需要准备充分且有效的佐证物料，必要时和盘托出，引起客户共鸣，以此来印证客户的接受程度。

（二）多种方案，从容应对

以下是我指导销售的一个案例。

案例（3-11）：提供客户能接受的佐证物料

乙方是一家专门为企业提供咨询服务的公司，第三方向其推荐了一家有需求的行业头部重要客户（简称甲方）。乙方迅速调派了一位有咨询经验的销售前去拜访。由于准备充分，交流效果不错，乙方销售还将甲方相关领导和对接人拉进了项目推进微信群。

过了一段时间，销售在微信群里追问项目的进度，发现对接人不像当初那么热情，顿时紧张了起来。他找到甲方CEO，对方礼貌地回复说，自己授权给对接人了；于是销售找到对接人，对接人闪烁其词，没有正面回答；销售请乙方CEO出面找到了第三方推荐人，推荐人回复说，甲方可能要用邀标方式选择服务商。

于是销售向我请教。我问销售，甲方最看重他的哪项服务？决策人怎么想？选型准则是什么？还有，甲方在异地，乙方不能隔空喊话，要将这些问题的解决方案写成文字稿作为应标文件提交给甲方，并关注甲方选型组织的反应。

第二天，销售完成应标文件初稿，我要求他们：一是测定哪项服务是客户必须要的，作为突破点着重阐述；二是判断在项目实施过程中哪些问题是甲方最担心的，要着重说明；三是因为甲方在异地，非常担心项目实施的质量，为此，乙方要着重展示互动式实施服务的SOP流程和线上实施的操作模板。

第三天一早，销售飞往异地拜访甲方，并与甲方决策人就应标文件内容进行了当面沟通，甲方对文档中的需求认定和实施方案予以认可，尤其对实施SOP线上操作文档印象深刻，不久双方就签订了服务合同。

在这个案例中，乙方销售认为天时、地利、人和这三点他

占了两点，仅仅少了地利，于是放松了警惕，自以为客户信任已经建立，需求已锁定，却疏忽了客户需求会随着销售进程中的竞争态势变化而变化的事实。变化的前端围绕着功能上的需求，后端则会停留在价值层面上。只要甲方不觉得你是不可替代的，这个进程就不算结束。

在上述案例中，乙方销售虽然有了好的开场，却没有控制好进程，关键在于缺少多种应对方案。好在乙方销售及时与客户选型组织联系，加之有第三方协助，所以才能在一个重要的时点发现问题，及时提供了多项让客户能够接受的佐证物料，使得项目继续推进。

在大客户销售中鲜有项目推进得顺风顺水，希望此案例能引起销售的重视。

二、佐证物料的应用

（一）客户只接受经得起推敲的佐证物料

怎么能将客户的关键需求锁定到我们的解决方案中呢？一个重要的方法是准确捕获客户的关注点，并有针对性地提供佐证物料，让客户在比对中认同并接受你的方案。

这里有个经验供读者参考。你在项目推进过程中，其实已经提供了佐证物料，觉得客户也接受了，但这些材料并没有帮助项目往前推进，问题出在哪里？这时需要小心，可能是你提供的佐证物料经不起推敲，或者提供的对象不对，甚至可能不是客户关键人想要的，所以客户迟迟没有采纳。遇到这种情形，就要通过与关键人的沟通加以印证，发现偏差尽快做出调整，以免贻误战机。

（二）成功案例是重要佐证物料

最常用的佐证物料是成功案例和实施经验。成功案例可以是行业中发生的，也可以是公司自己的；实施经验可以是成功的，也可以是失败的。成功的经验可以借鉴，失败的经验可以从中得到教训，从而得以改进。当然，讲述自己公司的案例可以让场景再现，这样会让客户接受的程度更高一些，销售要在销售过程中不断梳理这些佐证物料，优化迭代之后适时推出，这是非常有说服力的武器和加分项。

1.演讲成功案例

在销售培训中，我经常观察销售使用佐证物料的能力，提醒他们不能平铺直叙地给客户讲成功案例，而是要提炼总结，写出的脚本包括以下要素。

客户（指案例中的客户）的挑战：列出客户面临的问题和困惑（比如生产能力和产品交付等）、解决这些问题的紧迫程度，目的是引发潜在客户的联想。

客户的选择：客户在什么情况下选择了我们？从而带出公司的背景和经验。

客户的体验：解决方案解决了客户的哪些关键问题？在这个过程中需要显示项目经过的数次波折，以彰显真实性。

客户的收益：解决方案为客户带来的改变和收益，有数字说明最好，如果能有客户高层的感悟就更完美了。

2. 讲述实施方法

在讲述实施方法时，首先，要总结出实施的思路；其次，要强调执行的过程，这里一定要死抠细节，列出实施流程和数据，以及竞争对手没有想到和难以做到的内容；最后，结合客户的应用场景引发客户积极讨论。以上三点，不能仅凭记忆留存在自己的脑海里，最好形成文字稿并不断迭代优化，以便随时可以调用。

销售的任务是将项目逐层推进到对公司有利的阶段，此举称为项目进阶。佐证物料是撬动项目进阶的杠杆，可以在销售的不同阶段使用，但要事先准备，精准投放，此为目标销售"过五关斩六将"要斩获的第一将。

第五节
斩获第二将：答疑解惑

答疑解惑，是目标销售"过五关斩六将"要斩获的第二将。

在销售过程中我们常常会遇到客户质疑，场景一：直率的客户会说，你的解决方案没有解决他的问题，也不接受你提出的下一次交流的提议；场景二：含蓄的客户会说，你的解决方案他还要组织相关人员讨论一下，但随后很长时间没有下文。出现这些现象，多半是销售对客户的背景和需求理解得不够深，让客户心存疑惑。

下面对以上场景做出解析。

一、主动探询，以防不测

面对场景一，针对客户的质疑，销售要迎难而上，主动询问，确认在哪一点出了问题。即便自己确认已经挖掘了客户的真实需求并与客户达成了共识，还要进一步观察：你是唯一的合格服务商，还是众多候选者中的一员。如果你不是唯一的，还要振作精神，协调更多的资源，以备再战，因为你的目标是将客户需求锁定到自己的解决方案中，独占鳌头。

面对场景二，先对场景进行分析，客户的质疑在销售过程中是大概率事件，即便现在没有质疑，不代表以后没有质疑，一旦客户的质疑积攒起来，而你还没有觉察到，很容易陷入被动。这种质疑包括产品功能、价格、应用及实施服务能力等。这是销售推进中不易发现的一个坎儿，只有在沟通过程中主动探询、细心体会才能及时化解。好的销售会通过以往客户产生质疑的经历，做出预判，心中拟定解法；同时要换个角度再通过合适的语境主动向客户抛出类似的质疑，引导他主动表达，根据客户的反应及时答疑解惑，这种行为称为做好销售预案。

二、答疑解惑是项目的临界点

依据客户的应用场景，做好销售预案，将客户的需求梳理至你的解决方案之中，是完成项目的阶段性目标之一。

以下是我经历过的一个案例。

案例（3-12）：及时答疑解惑，锁定客户的需求

有一年，一家国家级研究所（甲方）要上一个经费达上亿元的大项目，在考察同类用户时了解到我们公司实施过类似的项目，于是找到我们。我们准备了两部分内容——公司介绍和国内外真实案例，目标是引导甲方参与需求讨论。

首轮交流很快进入到第二部分。由于甲方有很好的实施经验，我们的实施案例又触达甲方的需求，双方直接就技术实现手段和方法展开讨论，项目启动有了良好的开端。

在第二轮交流中，甲方提出的问题更加宽泛，包含整个产品线业务流程的实施手段，超出了我们以往的服务范畴，甲方对我们的实施经验能否覆盖他们的应用层级似乎产生了质疑。我突然想到了我们服务多年的行业领军客户，建议甲方前去考察，看这个用户是如何处理这些问题的，他们欣然接受。

被考察的用户很重视甲方的到访，主管领导亲自出马介绍软件应用方法和实施过程，还带甲方到相关设计部门与业务人员做交流，甲方的技术人员对软件和实施有了直接的认知和体验，对当今技术实现手段也有了更深的了解，基本消除了对我

们所讲述的实施方法的质疑。

到了项目决策阶段，甲方的上级主管机关认为选择新的工业软件要经过更高层级的论证。甲方与上级主管机关协商的结果是，让两家不同的软件公司及服务商现场做考题，并要求五天内完成。由于我们对客户需求有较深的了解，在与甲方交流中对每个关键问题都做了答疑解惑，达成了共识，在这次 PK 中我们给出的解法明显胜出，从而赢得了与甲方合作的机会。

在这个案例中，我们根据客户认知时点的变化做到了应对有序。在首次交流时，不以公司介绍为主，而是业务驱动；在客户提出质疑时，建议客户拜访我们服务过的成功用户，直接答疑解惑；当客户提出考试时，准备充分，从容面对。我们之所以能赢下这个关键项目，一是从客户的视角出发，二是始终保持与客户同频。

锁定客户需求是一个过程，而这个过程是循序渐进的。要根据客户不同的场景准备相应的佐证物料，及时答疑解惑，客户大概率会选择你作为他的服务商。

在项目推进中，销售需要评测锁定客户需求的程度，答疑解惑是项目推进监测的标尺，关键时要提前发现问题，尽早解决。这既是对销售能力的检验，也是目标销售"过五关斩六将"要斩获的第二将。

第六节
锁定需求的运行与监测

一、运行路径的五个节点

锁定需求工作做得扎实，解决方案的落地才不会有风险。在锁定客户需求的过程中，须规划出一条有效、合理的路径，并根据客户场景去应用和检验，以保证锁定需求行动的有效性。

客户对需求的认知会由浅入深。从客户的视角出发，我们会发现解决问题的路径节点包括：客户现状、困惑问题、制约因素、梳理需求、方案导读（见图3-3）。

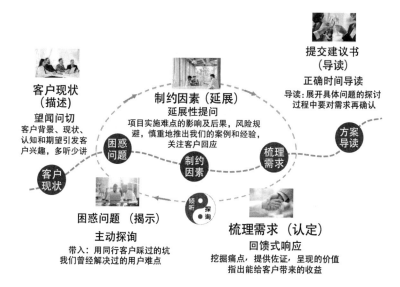

图 3-3　锁定需求的运行与监测

（一）客户现状描述

这里指的是了解客户的背景、现状、基本认知和初始期望，是销售必须要做的功课。主导思想是"望闻问切"，目的是在知己知彼的基础上通过聆听和探询，发现客户的需求和兴趣。我在一家互联网咨询公司做销售顾问时，帮助他们搭建了与客户"首次沟通纪要"的模板，设计了场景式探询的元素，经过两年多尝试和完善，在指导销售们多听少讲、诱发客户兴趣方面帮助不小。

扫码回复"目标销售"获得实用模板

（二）揭示困惑问题

这里指的是困惑客户的问题，主要做法是"主动探询"。

在销售过程中，大部分客户对自身存在的问题会有所感知，但不一定与你的想法合拍。要学会通过思考询问，比如，指出同类客户踩过的坑，引发客户的思考；或者，你曾遇到过类似的应用问题，是怎么解决的，等等。在此基础上，让客户填写"需求确认书"，辅助你完成主动探询的工作。

（三）找出制约因素

这里指的是客户问题背后可能的原因，是较深层次的问题，主要做法是"延展式提问"。

这里可能需要动用专业知识和经验，讲述项目实施的难点以及产生的后果，提出风险规避举措，然后慎重地推出你的案例和经验，赢得客户的共鸣。在此我帮助销售搭建的是"方案建议书"模板，将专业知识、公司的实施经验与SOP融合在一起，结合客户的场景和认知提交给客户，寻求与客户的真实互动。

扫码回复"目标销售"获得实用模板

（四）需求梳理认定

当上述过程取得一定效果时，你可以对以上问题进行汇总并完成计划书，主要做法是"回馈式响应"。

要依据客户的现状，将客户的显性需求、实际需求和隐性需求（如果能挖掘出来）重新梳理一遍，打上客户的烙印，完成"实施计划书"。内容包括与客户互动的结果、有针对性的方案、延展性的佐证物料、你实施规划的经验以及为客户带来的价值和收益等。

（五）实施计划导读

交付给客户一份实施计划书，只能算是完成了锁定需求阶段的大部分任务，最后一项应该是与客户再次确认，并选择正确的时间导读。

要在对的时间，找到对的人，采用导读（解说式）实施计划书的方式来确认所有细节，完成方案的最后拟定。注意要与客户选型的节拍一致，不能太早，更不宜太晚。

二、锁定需求的四个监测点

怎么才能保证锁定需求的路径有效呢？可以尝试通过四个

图 3-4　锁定需求的四个监测点

关键监测点来判断，见图3-4。

（一）准备和聆听，与客户同行

准备好沟通载体，比如PPT、方案建议书等，积极与客户沟通。销售起初与客户沟通时，客户不一定会跟着销售的思路走，可能还会在沟通中走神或走偏，沟通载体会拉着他们与销售保持同行，只有这样，才能创造聆听和互动的机会。

（二）探询客户认知，验证你的观点

要以沟通载体导读的方式，伺机探询客户的认知。比如，"我们的解决方案是否能解决您关注的问题？""我的说法对不对？"等，这时客户多数会给予回答。几个回合后，销售大体上就了解客户的认知了。这是关键的一步，大部分销售没有这样的意识，缺少演练，直接影响到销售效率。

（三）提出有效佐证物料，关注客户回应

提出方案建议时，佐证物料一定要跟上。即使方案写得天花乱坠，到头来客户仍需要验证，所以销售的佐证物料必须过硬。客户会用他的反应告知销售所提供方案的质量和可行性，这是锁定需求的重要一步。

（四）展开业务讨论，向前推进项目

可以通过DEMO、VR视频、方案实施中的截屏等方式，展示方案中的执行过程，引起客户的注意。此时要刻意追问，及时与客户讨论，发现问题立即调整，以保持客户与你同频。

在以上操作过程的监测中，客户如果没有回应，只能说明你行动的方向偏了。或许是前一步做得不够到位，必须重新复盘回到前一步做出调整，拿出新的举措再做尝试。你可能会认为，在每一步行动前都要先设计行动要领，似乎花费了很多时间，但这样做实际上会让后面的运行更平稳，有助于尽快实现阶段目标。换句话说，现在的"慢"是为了今后的"快"。

根据上述方式，在锁定需求中设定相关运行路径，并在实战中不断地打磨和优化，让销售过程得以控制，便能明显提升销售效率。这里只是提供了一种运行路径和监测方式，场景不同，对象不同，使用上述方法的结果也会不同，销售可以根据

自己的理解灵活采用。

本章小结

围绕锁定需求的主题，主要讨论了以下三个问题。

首先，客户的需求会随着项目推进而发生变化。不要存在侥幸心理，认为通过两次交流就能锁定客户的需求。如果不能跟随项目推进中出现的新需求及时调整行动部署，等发现问题时很可能丢失了机会。

其次，努力介入客户需求中的更高层级。据统计，只有不到25%的销售能真正理解客户的需求，并精准地提出客户需要的解决方案。这是一个重要的警示。当你认为自己的经验和资源足以在其他环节发力，从而放松了这方面的修炼，很可能错失了一项重要销售技能。锁定客户需求是有层级的，难以一招制胜，需要通过不断迭代和优化才能得以提升。

最后，锁定需求应该规划监测路径。本章从需求环节、客户层级、执行路径、佐证物料、答疑解惑和运行监测六个方面做了相应论述，揭示了锁定需求过程中的一些关键问题，列举了相关案例和执行方法，希望能引起大家的警觉并予以重视，提前做好预案，争取在有限的时点内将项目推进得更快更好。

本章的另一个主要内容是着重强调了锁定需求关隘中的两个关键节点，即佐证物料和答疑解惑，也是"过五关斩六将"中的两将。

佐证物料是撬动项目进阶的杠杆。要将有价值的物料整理出来，落实到文字上并及时优化，日积月累，形成销售丰富的工具箱。当客户对你的观点不解时，你能及时打开工具箱，取出合适的工具帮助客户梳理思路，证明你的建议是可行的，这比仅在口头上反复提及优势效果会好许多。

答疑解惑是项目推进的标尺。从客户视角出发，根据你的经验和客户使用场景，用客户在业务上可能出现的问题去反问客户，引发客户思考；当客户存有疑虑时，及时给出高质量的解答，从而证明你才是客户最可信赖的合作伙伴。

客户评测价值的方式

客户满意度与价值提升
关注客户认知变化
解决方案中的价值评测

斩获第三将

挖掘痛点
Want 和 Need

挖掘痛点是展现价值的基点

客户选型组织架构

选型组织架构
组织架构制约项目推进
如何应对

斩获第四将

价值策略的制定

竞争策略
价值策略
竞争策略与价值策略
的区别

呈现价值的方式

以客户为中心
让客户感知到

找到 Coach

什么是 Coach
Coach 的意义

展现价值是目标销售中的第三关隘。此时客户的旅程是评测价值，根据自己的需要审视服务商的专业性和项目实施能力；销售的任务是通过不断地展现公司价值获得客户的认可，推动销售进程（见下图）。

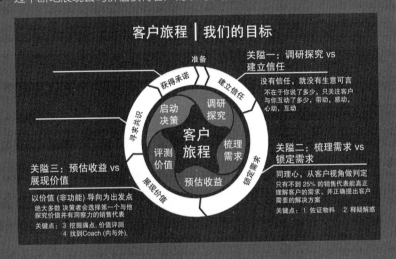

目标销售进程图之第三关隘：展现价值

展现价值是一个非常有分量的话题。过去，大客户成单多依赖销售技巧和公司技术储备；而今，随着客户成熟度的不断提升，大项目成单必须仰仗训练有素的销售通过不断展现公司价值来实现。

大客户项目就像盖高楼，项目越大，楼层越高，要求地基越要牢固。展现价值离不开建立客户信任和锁定客户需求的前期铺垫，销售要利用前期工作的成果，适时、主动、持续性地向客户展现公司的价值，不断得到客户的认可。有机构统计，74% 的决策者会选择与第一个同他探究价值并有洞察力的销售代表合作。

第一节
客户评测价值的方式

这个命题与客户的应用层级有关。

一、客户满意度与价值提升

展现价值是指服务商通过业务运作让客户感受到自己的价值。简单地说，就是服务商能够帮助客户解决哪些关键问题，让客户受益。

不同的服务商解决问题的能力会有高下之分，所以，在展现价值之后，还需要了解客户会如何评测你的价值。那么，新的问题出现了，在项目没有成交的情况下，客户会怎么评测公司的价值？这里先从客户的应用层级说起。

（一）客户的应用层级与满意度正相关

一家咨询公司花了数年的时间对不同行业的10,000+客户的应用要求和满意度进行了采样调研，分析归纳为便捷易用、专业可靠、服务优质、咨询顾问4个层级，参见图4-1。

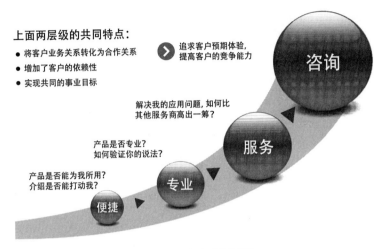

图 4-1 客户应用层级

1. 便捷易用

这一层级的客户，通常在购买一些产品时，更关注产品的功能而不是应用。例如，航空公司将客舱的座位布置得很舒适，机舱内环境很温馨，各种操作得心应手，一目了然，便达到了客户应用的第一层级——便捷易用。这时，客户的目标是立竿见影，此时销售只要注重服务功能项，赢得客户当下的好感，效果就会立即显现。

但销售过程并没有完结，因为客户很快便有了新的需求，即关注产品的可靠程度。如果还沉湎在便捷易用的功能，不能将客户引入专业性能的层级上，项目的推进就会变得吃力，前一段客户积累的好感也会随着时间的推移消耗殆尽。

2. 专业可靠

这里延续航空公司的例子。如果航空公司在飞机飞行的过程中，起飞和降落都非常平稳，出现气流颠簸等任何状况都应对自如，那么乘客对航空公司的专业性会产生好感和信赖，这便是第二层级的需求。进入这一层级的企业客户，多数已经有了一定的解决问题工具，但这些工具可能处于"孤岛"状态，销售需要展示与客户所在行业相关的业务知识和能力，针对客户需求提供相应的实施路径和成功案例，增加他们对你的专业依赖感。

此时的客户需求不再是单个点而是一个面，其中包含数个功能点。客户不一定要求你把每个功能点都处理得很出色，但要求你动用专业技能和经验积累，将整个面处理得尽可能协调平顺。销售需要对这类客户的需求有较深的理解，找到切入点，从专业角度出发向客户说清楚处理问题的方法，做到有的放矢。

以上两级需求只解决了客户不满意的问题，比较容易做到，也易被竞争对手抄袭和复制，并没有提升客户的黏性。

3. 服务优质

这一层级的客户关注的是服务商能否提供完整的解决方案，实施的能力是否比其他服务商高出一筹。

此层级的实现难度比前两个层级高，需要服务商从客户的认知角度出发，在专业应用上有足够的经验和积累，业务能力在行业内有一定的认可度。一旦项目很大，就不是销售一个人能完成的事情，需要公司的合力。销售人员应牵头组织相关业务部门论证，集思广益，及时梳理成解决方案，通过演练后再向客户输出。就像有些航空公司会通过常旅客计划来提高乘客的满意度一样，增加客户的黏性，弥补前两级的不足。

这一层级的客户，其应用水平已达到一定程度，他们的关注点已不再是公司产品的功能和过去的成功经历，而是会通过一些重点大客户的成功案例和独特的解决方案对服务商进行考核和评测。销售能走到这一步，距离胜利已经不远了，但是也容易在这里戛然而止，因为在价值评估阶段客户的质疑并没有完全中止，要密切观察客户的主要疑虑，及时回应，通过团队协作获得客户的深度认可。

4. 咨询顾问

在这个应用层级上，客户关注的是服务商能否通过专业能力和有效的实施方法，帮助企业提高市场竞争能力，合作后企业是否会获得更大的投资回报。客户的应用层级越高，销售的难度就越大，这也是销售的最高层级。

此时客户不仅仅关心服务商的光环，更会关注其遭遇过的磨难和经历，服务商要展现出行业应用发展的前瞻性，表现出足够多的实施经验和持续服务能力。如果服务商的建议能够给客户提供更大的发展空间和更游刃有余的市场前景，有成功的大客户服务实施过程中提炼出的有效方法论，能辅助客户提高生产效率和竞争力，便会赢得客户的青睐。

综上，客户应用层级是随着客户应用需求不断提升的，作为解决方案销售需要提前做出预判，从而有效地捕获不同的客户层级所对应的需求，由浅入深地向客户展现公司的价值，不断增强客户的黏性。

（二）客户满意度与价值提升

1. 防止客户不满意的要诀在于能尽快解决客户当下的问题

当客户在软件应用中出现问题时，如果销售能帮助解决，或者解决问题的方法留给客户好的印象，会得到客户暂时的满意。但这种满意也许只是延缓了客户的不满意，随着时间的推移，客户的满意度会逐渐降低。

2. 提升客户满意度的要诀在于能帮助客户发现未来的问题

解决方案销售切忌急于求成，总想着要让客户认同，却找不到准确的着力点，这样做欲速则不达。客户的认知是由浅入深、层层推进的，如果销售能根据客户认知的程度设定相应的目标，协助客户找到下一步可能出现的问题，推动客户应用层级的提升，客户的满意度便会随之提升。

3. 提升你的价值

低层次的应用只能解决客户不满意的问题，容易被模仿；高层次的应用能提升客户的满意度，从而展现你的价值。

如果客户在选型中通过和其他服务商比较，倾向于选择你的公司，但没到评估阶段，那么这只是当下的选择。销售要抓住机会，根据客户现有的层级，主动展现出高一层级所需要的价值，才能保有领先的地位。也就是说，不到最后一刻，绝不能满足现状，需要持续性地挖掘客户期望，不断延展服务的宽度和深度，让客户不断有新鲜的期望和体验，这便是直接提升价值的一种方式。

二、关注客户认知变化

（一）防范推进中的风险

商场如战场，机会稍纵即逝。大项目通常会随着项目的进程而加大风险，如果目标感不强，执行颗粒度不细，就难以在竞争中抢占先机。

当项目推进到展现价值阶段，一些销售会认为自己提出的解决方案客户已经接受，只要没有重大失误，项目便能正常向前推进，其实不尽然。客户认知变化是一个常态，这个过程会经常反复，此时你只完成了"用什么来说服客户"的工作，随后客户会用"我凭什么要选你"来诘问你，这便是在竞争环境下项目推进的风险点，销售应该做的不仅仅是让客户接受解决方案，而是在与竞争对手的对比中展现出让客户认同的差异化价值。

（二）设定可监测的节点

在这一关隘中，为了降低项目推进的风险，可以设定两个价值监测点。

1. 调整你的认知

要清楚是哪一个服务项打动了客户，客户中有哪位关键人挺你。言下之意是，你提供的哪一项服务是客户最需要，甚至是不可替代的。这个问题有很多销售都回答不上来，因为他们没有仔细琢磨过。

2. 判断客户的认可

要勇于拿上面的问题去探询客户，如果你前两个关隘的任务完成得不错，客户多半会回答你。回答可能是直接的，也可能是间接的，但都会告知你在项目中展现价值的程度；如果客户不回答你，则表明前两步并没有走稳。

除了以上两个监测点，销售还可以根据自己公司的技术沉淀情况，列举一些可以监测和执行的节点，通过实战优化迭代，形成目标销售的打法。

展现价值不能只停留在概念和说法上，一定要落实到执行层面，哪怕是一个很细微的点。如果项目很大，销售需要动用公司的资源协同运作，管理者要时时提醒和监测，销售要理解和执行，让所有的应对行动有准星。

三、解决方案中的价值评测

（一）客户看待价值的方式

⚡ 案例（4-1）：一百万美金大奖

2012年，世界上最大的在线影片租赁服务商 Netflix 公司设置了一项一百万美金的大奖，以奖励有效提高影片推荐效率的团队。来自 Netflix 的专家和大学教授组成的评委会用了几周时间评选出了最终优胜者。经过186个国家的四万多个团队近三年的较量，最终获奖团队是BPC（BellKor's Pragmatic Chaos）。该团队的七个成员分别来自奥地利、加拿大、以色列和美国，专业身份分别是计算机专家、统计专家和人工智能专家。该团队的研究成果成功地将Netflix影片推荐引擎的推荐效率提高了10%。

在总结致辞中，Netflix首席执行官哈庭斯特别强调说："我们经历了一次非常激烈的比赛，我们注意到参赛团队开始时独立作战，后来协同作战，终于将影片推荐效率提高到了10%。在比赛接近截止期时，还有新的参赛作品不断快速地提交上来，让整个比赛过程变得非常曲折和惊心动魄。"

按照常规，这项任务可以由Netflix自己的技术团队独立完成，因为他们更了解自己企业的业务流程。但是Netflix首席执行官哈庭斯却在全世界范围设立大奖来提升影片推荐引擎的效率，他更在意的是内部技术团队的创新能力可能受到所处环境的限制，需要换个思路寻找创新。同样，企业在评测服务商价值时，也越来越关注服务商的协同创新能力，只有具备这一能力的团队才能帮助企业提高生产力。

（二）执行中的颗粒度

在选型过程中，服务商与客户交流的时间是有限的。在一定时间内，客户难以对服务商的业务能力做出准确判定，销售要意识到这个问题，及时找出让客户认可的方法，在竞争中抢占先机。

1. 简单的事并不简单

案例（4-2）：过程控制保证项目交付的结果

10年前，国内一家集团公司到法国一家知名公司的设计部门考察数字化工程项目。考察专家在现场看到设计人员的计算机边上放着厚厚一摞操作手册，很好奇：计算机辅助设计的手段很丰富，大型工业软件都直接在线调用电子服务手册，为什么还要放置这些纸质软件使用手册呢？经询问，法国专家说，这些纸质手册更多的是三维设计流程和操作规范等标准性文件，便于随时查看和对照。

当时，国内的大型设计所已经开始注重设计规范，也有相应的国标、行标，但主要基于二维图纸上的标识和应用，在三维空间上认真执行和应用的规范几乎没有。考察专家随后还了解到，强制性的规范设计方式保障了设计质量，减少了工程更改单的数量，有效地缩短了产品交付时间。

考察专家很受启发，回到酒店后将这一发现与国内现有的设计方法和管理规范比较后，决定撰写一份调研报告，希望能引起相关部门的重视。

表面上看起来，法国公司设计师的做法似乎有些教条，但这种"慢"却保证了今后的"快"，这就是其价值所在。增强执行中的规范化，增加过程中的颗粒度，会大幅度提高产品交付质量和缩短交付周期。

2. 通过项目延展性观察

一些销售在项目推进过程中积累了好的经验和体会，会主动向客户展现，但客户有时并不买账，可能是因为你与客户不在同一频道上，你所展现的并不是此刻客户关注的内容。

有应用基础的客户在寻求解决方案服务商时，会关注项目从开始启动到实施结束的整个过程。这个过程会有很多体现价值的点，比如，解决方案中的设计规范和流程、技术实现的有效性、实施中的操作方式和监测手段、交付节点的风险防控举措等。销售要根据所在公司的技术储备，梳理清楚并整理成文案，结合可能出现的场景，循序渐进，引导客户互动，从而得到客户的认可。

客户对销售展现的价值的理解和接受需要一个过程，要有重点，不能像打散弹枪一样期望全面开花，要找到切入点和重点，与客户展开讨论并寻求突破。这里要注意三点。

（1）不能仅凭经验。客户的场景不同，认知不同，不能仅以销售的经验为出发点，要认真倾听和潜心探询，做出判断再行动。

（2）颗粒度要细。不要以为你所谈的价值的框架和思路，客户就一定能接受，要表现出有颗粒度和影响力的落地节点和执行过程。

（3）要有延展性。随着项目的推进，不仅要告知客户解决当下问题的方法，最好还能与今后可能发生的事情联系起来。

总之，展现价值的效果要看客户的接受程度，销售可以通过客户的感受和反应，在行进中不断调整和优化，一事一议，不能一概而论。

第二节
斩获第三将：挖掘痛点

所谓"痛点"是指客户显性需求背后的隐性需求。发现客户需求只是对解决方案销售的最基本要求，但是还远远不够。在项目推进的中前期，将迎来第三个难点，即通过不断挖掘客户的"痛点"来引领客户，巩固既有成果，这是目标销售进程中要斩获的第三将。

一、Want 和 Need

在解决方案项目的售前或实施过程中，客户经常会讲述很具体的要求（实际需求）作为他们已经认定了的需求让服务商去完成。服务商根据经验与相关专家论证后，有时会觉得这个需求在当今的技术条件下难以实现，甚至发觉此要求根本不在项目实施的主线上，勉强实施会影响整体项目的进程。这时，作为服务商必须要先分析一下，这一需求究竟是客户的主观意愿Want还是客户的客观需求Need。

Want是指客户的主观意愿。客户发现了问题，就想解决问题，根据他自己的实践经验，琢磨出一个解决办法，需要服务商用数字化手段帮助他实现，以便提高工作效率。这时客户可能忽视了问题背后的问题，例如，业务流程没有梳理清楚，即使现在用一种手段使上述问题得到缓解，但可能会牵出其他系统层面的问题。

Need是指客户的客观需求，可以理解成客户暂时没有觉察到的需求（隐性需求）。当客户的业务发展到某一个阶段，需要提升企业创新能力时，他们希望找到行业应用专家辅助梳理这样的需求。这时许多服务商开始关注客户的业务模式，在对客户的业务流程梳理过程中，问题的脉络越来越清晰，根据以往的经验和项目实施的规律，经过专家系统性地论证，逐渐将这些隐性需求发掘出来，给客户提交一个更完整的实施方案，其中既包含对客户一般需求的处理，也包括对隐性需求的应对。

回到前面的话题，客户如果直接提出诸如此类的需求，销售要先静下心来，向客户探询，他提的这个需求是想解决什么问题，这个问题与企业业务层面的关联程度如何，然后再提出能否先回到原有的业务流程模式中，确认一下应用方面的需求再做决定，并逐步将客户带入切实可行的实施方案中。

工作中一定会有重要与紧急的事，只有做好重要的事才会逐渐消灭紧急的事，这是对解决方案销售一个很好的提示。

下面通过一个案例来说明客户主观意愿 Want 和客户客观需求 Need 的关系。

案例（4-3）：客户主观意愿与客户客观需求

乙方是国内一家老牌企业管理系统服务公司，拿下了一家企业（甲方）的项目。在项目启动时，甲乙双方却对实施方案各持己见。

乙方认为，这个项目要依据业务流程进行方案设计，才能保证实施效果和甲方的收益；而甲方认为，当下累积了许多问题没有解决，方案设计缺乏针对性的具体举措。乙方找业务专家做论证，对现有方案做了进一步优化，但甲方仍旧觉得优化后的方案不尽人意，双方的分歧没有实质性缩小，项目实施陷入僵局。

乙方总经理亲自与客户主管数次沟通无果，面对这个局面，他做出了让人颇感意外的决定，即终止这个项目。

乙方的理由是这样的：

一、按照甲方的想法实施下去，可以解决当下的一些问题，但由于缺少长期规划，今后会产生更多的连带问题。如果甲方当下不能认同乙方的方案，双方可以考虑从长计议。

二、乙方是来为客户赋能的，不是来救火的。如果客户不认同乙方的价值，僵持不下，既消耗了资源也伤了士气，会两败俱伤，长痛不如短痛。

于是，双方暂停了合作。

在上述案例中，乙方总经理的决策与 Want 和 Need 的认知相关。当我们能为客户创造价值时，自身才有价值，敢于说"不"也是一种价值的体现。

大客户销售要清楚目标客户群体，判断客户是否认可公司的特有价值，避免在激烈的竞争中为了拿下项目而迁就退让，直到付诸实施才意识到这个项目耗费了公司大量资源却无法让客户满意，吃力不讨好，不如尽早放弃。

不妨回顾一下自己公司的发展经历，哪些服务实施项目为客户创造了价值，让客户满意；哪些项目只为客户解决了当下的问题，随后却暴露出新的问题后被客户诟病，导致前功尽弃。

二、挖掘痛点是展现价值的基点

展现价值是销售中的一个难点。销售通过服务功能与客户产生互动，了解客户的主观意愿（Want），与客户建立了一定的信任关系，多半会发现竞争对手也在做同样的事，这时必须考虑如何展现价值。要主动去发现客户需求背后的需求，即隐性需求（Need），并提出相应的解决方案，展现出与竞争对手差异化的价值。

一般说来，客户会经历建立信任、梳理需求、了解价值的全过程。这个过程不会一次性终结，会随着客户认知的逐步提

升而循环往复。销售可以使用PDCA^①的模式去呈现价值，参
见图4-2。

展现价值少不了铺垫，前面的环节铺垫得越好，所展现的
价值被接受的程度就越高。销售不能到了需要展现价值的时
刻，才去补救以前没有做好的事情。

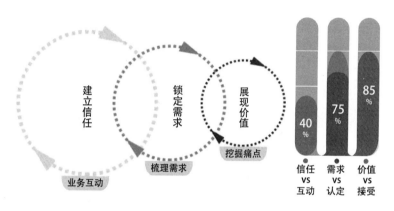

图4-2 信任/需求/价值关联图

在客户认知逐步完善的过程中，常会出现这种状况：你和
竞争对手向客户展现的价值暂时都没有被客户认可，客户难以
立判高下，竞争进入白热化。如果想在竞争中脱颖而出，须出
奇制胜，抢先在关键时点上重新向客户展现你的价值。这种价
值不能只停留在话术中，而是要落实到客户评测的具体执行点
上。此时最好的方法之一就是努力挖掘客户的痛点，完成从
Want到Need的升级，破茧而出，抢占先机。所以说，挖掘痛

———————

① PDCA指Plan（计划）、Do（执行）、Check（检查）、Adjust（调整）

点是展现价值的基点，做好这点，就斩获了目标销售中"过五关斩六将"的第三将。

第三节
客户选型组织架构

当销售对客户的痛点有了判断，对价值输出有了理解，接下来要考虑的重要问题便是，你锁定的是谁的需求？你的价值要向谁去展现？这两点与客户选型组织架构息息相关。

下面是我经历过的一件事。

案例（4-4）：你能说清楚客户选型组织架构吗？

针对一个具体的项目，我第一会问销售："你是如何布局的？谁有可能帮助你？"他告知我，这是一个应用项目，与企业的设计部门对接，设计部门的主管两年前买过我们的产品和服务，有较好的信任基础，日常也有联系，业务部门主管会帮助我们将这个项目向前推进。

我的第二问："我们与竞争对手的差异是什么？这个差异程度是客户认可的吗？"销售说不清楚。我要求他尽快完成这项工作。

我的第三问："这个项目采购的商务执行流程是什么？谁

在负责？"他说，由设计部门提出需求，企业的采购部门负责招标。

我的第四问："这笔采购经费出自什么款项？由哪个部门提出立项？"他完全回答不了。我继续追问："你与采购部门有接触吗？"他说暂时没有，并说应该与上次采购过程一样，由设计部门提出任务，采购部门执行。

他的回答让我紧张起来。我直接把经理找来，指出这个项目至少有两个风险点：（1）我们对客户选型组织架构中相关人及其权限不清楚，缺少相应的部署；（2）我们提供的解决方案的差异化客户没有真正理解和接受，出了问题没有人会站出来为我们说话。

不出所料，竞争对手在招标中放出了很低的价格，当客户采购部门对我们提出质疑时，业务部门没有人出来说话，最后我方虽然经过价格让步后成交，但赢得很勉强。

在项目复盘中，我了解到用户经费其实是比较充足的，对我们以前的服务也是满意的，采购部门并没有强烈的压价意愿。问题在于我们事先没有做好准备，部署不到位。这个案例提醒我们：一是要清楚选型团队的组织架构，分别做好工作；二是要向对的人展现价值，需要时他可以站出来为我们背书。由于该部署的事没有及时部署，该做的工作没有去做，结果肯定不会太好。

一、选型组织架构

选型组织架构（O-Chart：Organization Chart）是指客户选型和决策过程中的主要参与人员及其权责分布。

在解决方案客户中，最常见的客户选型组织纵向层级分别是批准人、决策人、主管者和使用者；横向的三个参与部门分别为业务部门A、信息部门B、采购部门C，参见图4-3。

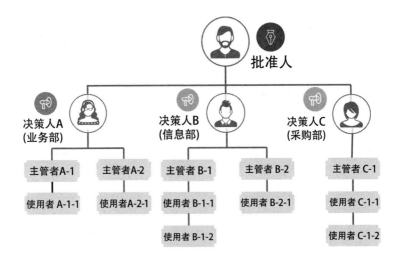

图 4-3　客户选型组织架构

在客户选型组织架构中，他们的角色和职能大致如下：

（1）批准人。这里通常指的是企业的一把手，负责控制经费并批准经费的使用，最后签字批准购买，但通常不会参与选型过程。

（2）决策人。项目拍板人，说"Yes"者，承诺算数，会部分采纳主管者的建议。

（3）主管者。守门员，说"No"之人，决定服务商是否入围，有推荐权，没有决定权，承诺会有水分。

（4）使用者。提出业务/技术的建议，但不一定被选型组织采纳。

选型组织架构是由点、线、面构成的，点是每个参与者，线代表不同的参与部门，面是各个部门的联动决策过程。销售要根据O-Chart层级中人的职责和角色做认真分析，再设定目标和执行行动计划，行动结束后要复盘执行的过程和效果。

在解决方案项目推进的过程中，三个部门在组织中有不同的权重（话语权）。在信息化时代，信息部门的权重会大些；在数字化推广时代，业务部门的权重会大些。销售要有自己的判断，根据实际情况，随时调整行动部署。

二、组织架构制约项目推进

先从我经历过的一个案例说起。

案例（4-5）：项目推进顺利，客户最后却没选我们

乙方CEO与一家有需求的头部企业（甲方）的CEO相识，并指派了一位有经验的销售经理（以下简称A）与甲方CEO指派的对接人联系。A与甲方选型组织共建了一个项目推进微信群，几轮交流之后，项目推进到商务阶段。

一天，甲方对接人突然对A说，甲方管理层需要乙方对项

目做一次线上汇报，A找我帮助分析，我判断客户是在做竞品对比。于是询问A是否了解决策人可能关注什么，他的竞争策略是什么。A回答不上来，因为他不清楚客户选型组织架构及各自的权重。其实决策人就在微信群里，A却没有触达。A的解释是决策人新上任不久，对项目并不会参与太多意见。我要求A迅速与决策人建立联系，直接触达。提醒他项目竞争态势已形成，如果没有与决策人建立关系，赢单多是因为运气，输单却是大概率事件。

两天后我追问A与甲方决策人联系上了没有，A说一直在加对方好友，但对方没有通过。线上汇报时间到了，由于无法确认客户决策人的关注点，汇报效果得不到甲方的真实回应，A没了行动方向。A急忙找到老板协调甲方的CEO，得到的回复是，甲方CEO已经委托相关人处理这件事，委婉拒绝了乙方CEO提出的沟通要求。

几天后，项目没有任何信息回馈。A再去找对接人时，得知回天乏力，结果可想而知。

以上案例表明，销售要把握好出牌时机，避免将一手好牌打烂。A完全可以在第一时间通过甲方CEO建立与决策人的联系。由于缺少风险防范意识，消极等待，错过了最佳时机，发现后再想补救已经来不及了。决策人是项目成交的关键，代表着客户的选型组织。

作为一线销售人员，首先，要认真分析选型组织中的相关制约关系，不仅要考虑主要参与部门的角色和职责，还要关注各部门间的权重关系，要勇于进取，不能只待在舒适区里，避免出了问题始料不及；其次，要有合理的部署，不要求面面俱到，但必须在关键节点准确发力。总之，目标正确，才能保证项目推进的效率。

三、如何应对

（一）注意三个要点

我们反复强调，销售一定要弄清楚客户的选型组织架构，因为这关系到项目推进的目标设置是否合理。这里涉及三个问题：

（1）能否在客户选型组织中找出关键人。

（2）能否判断出选型组织各部门间的相互制约关系。

（3）在执行过程中出现问题时知道怎么去纠偏。

以上三条，最好在项目推进前有所思考和判断。当项目受阻，发现自己不能解决的问题时，要尽快求助并向公司领导"报警"。

（二）及时规避风险

销售人员要有强烈的风险防范意识，重点关注两个方面，一是关注项目推进过程中决策人的价值取向，及时调整行动的方向；二是主动判断自己与竞争对手所处的位置，做好竞品分析。如果是重点项目，需要将其列入销售阶段性复盘中，按期与管理者进行讨论并推演，从锁定需求关隘开始，延续到获得承诺的关隘结束。

第四节
斩获第四将：找到 Coach

"Coach"是我在 20 多年前一次销售培训中听到的词，在多年的销售实战中，深感找到 Coach 是解决方案销售的一项重要技能，也是目标销售的"过五关斩六将"中要斩获的第四将。

一、什么是 Coach

Coach 一般指教练，定义如下。

（1）有投票权：是客户选型组织成员，拥有投票权，建议易被决策者采纳（或被授权）。

（2）相互成全：认可服务商能帮助他的企业达到预期目标，接受销售输出的价值，关键时愿意帮助销售出主意。

Coach 至少是甲方公司主管以上级别的，在选型组织架构中的位置和话语权较高。假如起初销售与某个关键人建立了良好的关系，后来发现他的权重不是很高时，可以通过他帮助自已触达权重更高的主管，让后者成为 Coach。

二、Coach 的意义

先从一个例子谈起。

案例（4-6）：错卖电脑的故事

20 年前，北京中关村电子商城发生了一件事，有位新入职的女销售（简称 S）由于业务不熟练，错将一台新款高端笔记本电脑低于销售价格 3,000 元卖出，盘点发现时已过去了半个月。

公司要求 S 处理好这件事，否则将予以处罚。同事提示 S，要尽快向客户打电话说明原因，恳求客户理解并补足差价。销售经理出的主意是，可以向客户说，接到供货厂家通知，这批电脑需要再检测，然后面对面与客户磋商。

公司销售副总了解到这一情况，也帮助出主意。S 采纳了销售副总的建议，前去拜见客户采购主管，得知客户的经费很充足，高端笔记本电脑是为客户领导购买的；随后，S 将错卖电脑的情况告诉了客户采购主管，请求其提出纠正建议。鉴于 S 前期与客户关系铺垫得不错，客户主管告知 S 使用电脑的领导重情义、讲规矩，建议她直接与领导进行交涉。

S 向销售副总汇报了上述情况，销售副总根据用户主管的提示，给客户领导写了封信，S 拿着这封信，征求客户采购主管的意见，恳请对方将这封信交付到领导手上。

那位领导看到了这封信，在客户主管的安排下与S见了面。S态度诚恳，充分表达了歉意，恳请客户原谅。结果，客户不但补偿了电脑的差价，后来还与S有了更多的业务来往。

在上述案例中，选择一，听同事的话，或许能解决这个问题，也可能由于太过直接遭到客户拒绝；选择二，听了销售经理的话，即便客户被忽悠过来了，但使用这种"小技巧"会让客户不舒服，后果不可测，实为下策；选择三，听了销售副总的建议，得到客户主管的指点和帮助，不但解决了问题，还建立了和客户的长期合作关系。

案例表明，遇到棘手的事，不要着急下手，最好能找到高人琢磨出解决问题的方法，这个高人就是Coach。案例中的销售副总（内部）和客户主管（外部）都属于这一类人。

销售对Coach一词不会陌生，但对Coach一词的理解和使用各有各的不同。有一次我在做销售复盘时，问销售有没有在客户的提醒下完善行动计划，他说有Coach帮助；我问他Coach是如何帮助他的，他说Coach告知了他们开会时主管的意见；我接着问，他找到的Coach能参与意见吗？他说不能。我提醒他，他找到的Coach并不是真正意义上的Coach，只能算是向导。真正的Coach应该是能帮助销售指明行进道路的人。

找对Coach并不容易。首先，要证明自己的公司有实力，能够满足客户选型的需要；其次，能展现出独特价值，让客户觉得自己值得信赖。这是销售的一项重要技能，从过程上来讲，是对行动效果的一次验证；从结果上来说，找到Coach将事半功倍，若是能找到决策者并培育其成为Coach，则更能体现销售的价值。

在销售项目中，有没有找到Coach，最后的结果会有不小的差异。这就好比要参加篮球比赛，好的教练会根据球员的情况制定相应的打法，指导球员在比赛中如何防守和进攻，通过团队协作赢得胜利。如果是业余比赛，可以随心所欲，大家半斤八两，平分秋色，体会不到Coach的意义。一旦比赛竞争激烈，或者参加专业比赛，没有Coach，可能等不到比赛结束输赢就定了。解决方案的销售逻辑也一样。

Coach一词虽然在第三关隘中才提到，但其实在建立信任和锁定需求的关隘中已经存在了。某个人在一定程度上认可你，才可能成为你的Coach。解决方案销售从事的项目有一个循序渐进、持续铺垫的过程，每一个关隘和关键节点的行动都会影响项目推进的步伐，机会稍纵即逝，所以要尽早培育Coach，保证自己行进在一条正确的道路上。

鉴于我30多年从事解决方案销售的职业生涯，有一个体会是，不仅要在客户内部找到Coach，还要在公司内部找到Coach，正像案例（4-6）里那位副总一样，帮助你测定销售进程做得好不好，提出切实可行的好建议，从而提高销售效率。

大客户项目行进之路关隘重重，若想行稳致远，最好努力找到Coach，帮助你调整行进方向，加快前进的步伐。这是一项销售必须修炼的技能，也是"过五关斩六将"中要斩获的第四将。

第五节
呈现价值的方式

在销售过程中，展现价值是立足之本。要做好这一点，公司除了不断提升自身的实力，还应该向销售指明操作路径，尤其需要注意以下几个方面。

一、以客户为中心

以客户为中心是销售的术语，要做到这一点，必须了解销售过程中客户预期和实际体验间的差距。客户预期是指客户心里期望但还没有感知到的事情，实际体验是指销售过程中实际发生的事情。

（一）客户想要的

下面通过一个小故事来说明。

案例（4-7）：他凭什么在招聘中被录取？

一家世界著名的大酒店招聘经理，前来应聘的人非常多，老板的最后一道考题是："有一天当你冒昧地走进客人的房间，发现一位女顾客正在洗澡，你应该怎么办？"

众人举手抢着回答，有的说："对不起，我不是故意的。"有的说："小姐，我什么都没有看见。"老板听后不停地摇头。

这时一名小伙子说了一句话，当场被录用了。你知道他说了什么吗？

这个帅气的小伙子说："对不起，先生。"

在这一案例中，面对这样的突发事件，客户的第一反应是什么？当然是愤怒。如何在第一时间安抚顾客的愤怒，便是工作人员应考虑的第一要素。帅气小伙从客户感知角度出发，明明对方是一个小姐，偏偏称其为先生，是有意掩饰尴尬，表示他并没有看清楚对方，以减轻客户的愤怒，这正是酒店老板想要的。此刻若不能化解客户的愤怒，接下来的场面将难以收拾。

案例中的前几位应聘者没有被录取的主要原因，是他们的第一反应是希望得到顾客的谅解，这样做根本无法化解顾客的愤怒。这从另一个角度说明，销售人员不能单凭感觉和经验处理突发状况，要首先想到客户此刻在关注什么，再找出合适的方式得到客户的认可，此为同理心。

（二）客户期盼的

案例（4-8）：海洋馆的故事

北方某城市一家海洋馆开张了，投资商根据以往的经营经验，对海洋馆的环境和内饰做了精心布置，门口做了很漂亮的招牌，门票定为50元。但开馆一年来，参观的人寥寥无几，不足以维持海洋馆的基本运营费用。一年后，由于投资商急于用钱，便以"跳楼价"把海洋馆脱手，黯然回了南方。

新主人入主海洋馆后，开始在电视和报纸上打广告，征求能使海洋馆起死回生的金点子。一天，一位女教师来到海洋馆对经理说，她可以让海洋馆的生意好起来。

老板采纳了她的建议，一个月后，来海洋馆参观的人天天爆满，这些人当中有1/3是儿童，2/3则是带孩子来的父母。三个月后，亏本的海洋馆开始盈利了。

海洋馆打出的新广告内容很简单，只有13个字："7周岁以下儿童参观一律免费。"

以上案例与销售场景类同，销售仅根据以往经验向客户介绍产品，不见得能让客户全盘接受，原因是没有从客户认知的角度出发。

成熟的解决方案客户在选择一个好的服务商时，多数会关心服务商是否有创新方法和手段，是否能够帮助企业提升竞争能力。销售需要站在客户的角度思考问题，理解客户的业务流程和当前的关注点，与客户同频。体会不到这一点，如果只是滔滔不绝地强调公司的优势和成功案例，只会让客户失去对你的兴趣。

真正做到以客户为中心并不容易，必须了解在销售过程中客户预期和实际体验间的差距。做不到这一点，便难以赢得客户深层次的好感和信任，以客户为中心也将沦为空谈。

二、让客户感知到

销售需要敏锐地捕捉客户选型组织中关键人物的想法和关注点，及时调整行动方向，以获得客户认可。这体现出销售的洞察力，是销售的一种高级技能。

（一）聚焦客户关注点

1. 客户关注点

本书列举的案例多从乙方的角度出发，现在做个反转，谈谈我作为甲方在选型中的一个案例。

案例（4-9）：A 角为什么被 B 角替换了？

2020 年，一家互联网咨询公司（简称甲方）希望选择一家 CRM 产品来保障已有销售体系的执行并为销售团队赋能。甲方选型小组由销售、市场、咨询服务、客户成功[①]等四个部门人

---

① 　注：该部门主要负责跟进用户的续约与增购，完成公司年度续约目标。

员组成，有A、B两家头部的CRM服务商入围。

在第一轮交流中，A公司的销售经理对产品应用介绍得很得体，赢得了甲方销售负责人的好感。B公司负责此项目的是一位有实施经验的销售经理，希望通过以往的成功案例影响甲方，获得认可；当甲方追问如何将已有的销售体系落地时，B公司没有说清楚。这一轮下来，A公司占了上风。

在第二轮交流中，甲方要求服务商对需求进行应答，甲方选型组织认为A公司对甲方现有的销售体系理解得不够，在一些关键的需求方面呼应得不够好。B公司依然以实施过的项目作为牵引，拿出许多实施的模板，希望以此锁定甲方的需求，但实施方面难以满足甲方的要求。第二轮交流结束，A、B打了个平手。

在第三轮交流之前，A公司销售经理先向甲方询问：哪几项是甲方的关键需求？出自哪个部门？决策流程是什么？在互动过程中他认定客户成功部的Z经理在选型中话语权最大。于是将主攻方向调整到Z经理身上。他的洞察力和积极态度使得Z经理产生了好感，相比之下，B公司回应得不那么积极，只说要回去好好研究一下。

即将进入到采购流程时，Z经理直接向甲方CEO汇报了项目进展，倾向选择A公司，理由是尽管双方应对各有不足，但是A公司态度认真积极，让自己有信心。甲方CEO可以先与A公司谈判，但关键需求必须有落实。

其实，甲方希望将CRM不仅作为统计工具而且要有实现跨部门协作提升效率的属性，而A、B两家公司现有的产品中都不能完全满足。于是，甲方考虑让自己的软件开发团队与服务商合作，分步实施，以满足当下的需求。

甲方首先与A公司商议解决方案，提出自己的开发部门可以适当承担一些开发任务，双方通过API开发接口的方式来提升与甲方需求的匹配度。A公司的销售经理非常努力，积极寻求本公司技术部门给予更多的支持，但技术部门对API开发接口的方式回应得并不积极。

随后，甲方与B公司联系，B公司销售经理安排售前技术总监直接参与，逐渐理解了甲方的特定需求，补充了甲方没有想到的一些实施细节以替代API开发接口的方式，取得了客户选型决策人的认可，同时做出了后期持续开发服务的相关承诺。甲方最后选择与B公司签约。

现实中，即使是有经验的服务商也不一定能满足成熟度高的客户的全部要求。但服务商可以从客户的视角出发，围绕客户的关键需求点，主动探索一种分步实施的方案，与客户达成某种程度的共识。

上述案例表明，改变局面要找到新的突破口，不可按部就班。首先，要分析客户的成熟度和关键需求，如果客户成熟度很高，就不能按以往的经验出招，而是要根据客户的认知程度调整行动方向；其次，要了解客户的选型组织架构，找到话语权大的人。A公司虽然找到了甲方选型组织中权重大的人并获得了对方的好感，但还是被 B 公司替代了，主要原因是销售没有抓住客户的核心关注点，缺少主动求变的意识，以致不能调配技术资源去满足客户的需要。

2. 项目运作

项目运作是一个整体联动行为，大项目联动范围会更大，至少需要两个层面。

第一层，销售的洞察力。需要不断地了解客户需求和业务状况，及时做出相应布局，调动资源，抢占先机。

第二层，聚焦客户关键问题。主动迎合客户的想法，探索客户需求中的关键点，与客户互动，从而得到客户的认同和信任。说得冠冕堂皇些，这是价值驱动为客户赋能；说得通俗些，要知道凭什么去说服客户，并得到客户认可。

再回到上述案例中，在选型的中间阶段，其实 A、B 公司表现得都不够好，对甲方的需求关键点都没有足够理解，提出的解决方案也都不能让甲方满意。由于甲方需求是刚性的，并主动降低了期望值，B 公司抓住了机会，积极应对，后发制人，使得项目向着自己有利的方向推进了。

在解决方案销售项目中，上述场景会经常出现，客户的期望和服务商的方案不匹配是常态。如果销售能主动求变，尝试提出一种客户能接受的方案，或者通过实施经验和能力，说服客户降低期望值，也能达到将项目向前推进的效果。

（二）客户认可的价值

客户认可的价值包括三方面，参见图4-4。

1. 客户期盼但未曾感知到的

在选型过程的中后阶段，客户选型组织会思考需求和解决方案间的匹配问题。但受某些条件限制，他们的想法需要被认证，或者期盼遇到一个有实践经验的专家来呼应，与其形成共鸣，这种现象称为客户期盼但未曾感知到的。

图 4-4　客户认可的价值

请看下面这个案例。

案例（4-10）：说出客户期盼但未曾感知到的事情

乙方是一家做股权激励服务的咨询公司，由CEO亲自带队去拜访一个某赛道头部企业的重要客户（甲方），甲方非常重视，安排了管理层重要人员参加会见。

　　乙方事先对甲方的发展环境及需求背景做足了功课，对可能遇到的情况和提问进行了认真准备和分工。乙方CEO直接进入了交流主题，甲方的管理层也频频回应。到了方案交流阶段，乙方咨询团队对甲方关注的问题一一解答，交流似乎已经接近尾声。

　　突然，甲方CEO发问："你们怎么保证股权激励的效果？"这是一个非常复杂的开口问题，乙方表述的好坏很可能成为项目进退的分水岭。

　　按照事先的安排，由乙方咨询团队负责人出面回答。他说："您提到的这个问题特别关键，困扰了很多想要或已经实施了股权激励的公司。单纯依靠股权激励，往往无法打破员工不努力的怪圈，甚至可能有'画大饼'的嫌疑。"甲方CEO急切地等待着下文。

　　乙方咨询团队负责人接着说："股权激励的实施不能脱离员工对'现金'及'未来'的期待，如果光谈股权，而忽视了员工的经济情况或对个人发展的规划，那就是舍本逐末，也很难建立起员工对公司激励制度的信任。"这时他停顿了一下，发现甲方CEO听得非常认真。

　　针对甲方的主要困惑，乙方咨询团队负责人打开电脑，结合图示进行正面回应——首先，公司通过深入研究，找出可能出现问题的五个节点：（1）股权分配机制是否合理？（2）激励数量是否足够？（3）授予价格是否合理，员工能否接受？（4）股权是专业知识，员工都理解了吗？（5）实施频次是否合适？其次，对这五个关键节点的实施环节及影响因素做了考虑、部署和应对，落实在实施SOP中，并对其进行落地效果监测。最后，通过这种方法对近百个项目的实施进行验证，效果良好。

通过十几分钟的陈述和演示，甲方CEO及其团队的顾虑打消了，交流结束后甲方明确表示可以启动商务流程了。三天后，双方签订了技术协议。

分析上述案例，甲方CEO的说法是一种期盼，而乙方咨询团队负责人针对这种期盼做了回应，从而展示了公司的价值。这里有几个重要辅助推进节点。

第一，肯定提问的重要性，同时挑明这是一件很难做好的事，引发甲方CEO的兴致；第二，通过佐证物料，直达痛点，激发甲方CEO进一步了解乙方解决方案的欲望，通过互动判断甲方CEO对乙方价值的感知程度；第三，抓住机会列举实践的方法和实施的SOP，让客户听到即能看到（现场演示），了解并认可乙方展现价值的真实性。

案例表明，在大客户项目的销售进程中做好预案非常关键。在准备过程中，要从客户角度出发思考问题，提前做好图示及文字预案；在沟通过程中，注意洞察客户愿意接受的方法；在客户决策的关键时刻，及时展现公司的价值，得到客户决策人的认可。

2. 做过和没有做过不一样

解决方案客户的需求在中前期是不确定的，通过与数家服务商接触后需求才会逐渐清晰。在这个渐进过程中，如果能主动接触和探询，调动公司所有的资源，展示出公司不同寻常的经历，就能让客户理解和感受公司的价值。

以下是我们公司经历过的事。

案例（4-11）：客户在彷徨中找到我们

几年前，一家央企（简称甲方）在使用一款大型工业软件应用中发生了不少问题，甚至有放弃使用的想法。在犹豫彷徨中了解到我们公司有十几年大企业实施服务的经验，想听听我们的意见。

于是我们公司安排了两位资深专家去拜访客户，介绍了公司多年在行业中的成功项目经验，引起了甲方的兴趣，直接提出能否将我们的实施经验带入他们的工程应用场景中。由于行业应用的偏差，两位资深专家不知如何下手，沟通场面一下子变得安静了。两位专家灵机一动，提议用半小时时间展示一下这几年公司在应用项目上的实施方法和相关的执行文档。

这些实施方法和文档乍看上去只是一些基本流程和技术档案，但引起了甲方的兴趣，他们兴奋起来，因为他们深知没有多年的实践和数据积淀是整理不出来这些文档的。尽管展示的文档有限，但还是诱发了客户与我们在应用层面的互动。

经过两轮交流，客户确定了与我们的合作关系。根据客户前期应用中的难点，双方约定先启动一项咨询项目，以便让我们加深对客户行业应用业务的理解，然后再开展更深层次的业务合作。

以上案例表明，客户是行业应用专家，会用专业的眼色审视服务商的操作文案和实施细节，判断你能做到的效果。做过并能做好，带给客户的感知是完全不一样的。在这种场景中，平时的档案整理和文件归类在关键时刻也会派上用场，是价值展现的一部分。

3. 为客户带来超值服务

在通过建立信任和锁定需求两个关隘后，我们要对自己在客户眼中的位置做个判断。如果我们与竞争对手不相上下，一定要认真对待，不能轻言放弃，要想想还有什么亮点可以向客户展示。下面讲个故事供大家思考。

案例（4-12）：买狗的故事

一个父亲带着女儿去买狗，作为送给女儿的礼物。在这个城市里，有三个卖狗人。

第一个卖狗人说："这条狗不错，好像你女儿也挺喜欢的，1,000元钱。如果你喜欢，就牵走吧。至于狗，你也看过，应该没有什么问题，至于以后再有什么问题，跟我可没什么关系了啊。"

父亲摇了摇头，走了。

第二个卖狗人说："你看这条狗非常好，是英国的纯种狗，颜色皮毛都很漂亮，你女儿也挺喜欢，只卖1,000元钱，价格真不贵。我可以承诺，一周之内如果你女儿不喜欢了，你把狗抱回来，1,000元钱我原封不动退给你。"

父亲有点心动，又来到第三个卖狗人面前。

第三个卖狗人说："这条狗1,000元，你女儿看起来挺喜欢的，与这条狗有缘分呐。不知道你是否养过狗？会不会养？如果需要，我可以跟你一块到你家，帮助你在合适的地方搭一个狗窝；免费提供一周的狗粮教你怎么喂养。一周后我再来，如果狗没有任何问题，你女儿仍然喜欢，和它相处得不错，你再付这1,000元钱。如果不喜欢，那我就把狗抱走，还帮你拆除狗窝，把家里打扫清理干净。你看怎么样？"

第三个卖狗人的话，简直让这位父亲两眼放光。他很痛快地买了第三个人的狗，甚至没有讨价还价。

在这个故事中，三个卖狗人的"狗"并没有特别之处，价格也没有差异，只是卖狗的方式不同。第三位卖狗人之所以让女孩父亲两眼放光，是因为他把女孩父亲期望的、但未曾想到的事都规划到了，让女孩父亲喜出望外，所以成交变得简单又自然。

第三位卖狗人之所以能做到这些是因为：（1）换位思考，他能站在客户的角度设定这个过程中所有可能发生的场景，模拟客户的具体需求；（2）追求客户极致体验，他不仅把场景中可能发生的问题都想到了，而且将解决方法落地，提升了客户的满意度。这也是人们所说的超值服务。

生活中，买狗的人常在，所以有些卖狗人不求变也能存活下来。但对于解决方案销售而言，虽然客户是客观存在的，但商机却稍纵即逝。在一个财务年度中，你能遇到并负责的大项目数量是有限的，所以一定要未雨绸缪，要在项目中率先求变，力求赢得胜利，这是解决方案销售应该追求的一种境界。

随着客户的成熟度越来越高，销售展现价值的方式不应局限在这几个点上，要根据自己的经验和公司的实力找出向客户展现价值的多重方式，做到手中有粮，心里不慌，主动出击，灵活变通，使自己变得强大起来。

（三）传递价值的载体

1. 展示文档的制作

（1）演讲准备。

与大客户交流之前，首先，要了解（预判）交流的对象会关注什么，以什么样的方式去说服他；其次，要想清楚展示的逻辑后再整理文案。文案制作是销售的基本功，也是加分项，通过日积月累的优化会得到不一样的回报。

产品销售与解决方案的展示文案有所不同。产品销售着重展示的是产品的特征、性能及行业案例；解决方案销售要强调问题所在及解决方法、基于方法的实施流程及客户体验（成功案例）。

前期拜访客户时，PPT文档的准备必不可少。公司PPT模板要由销售管理者审看定稿，并持续优化和升级。

（2）演讲时间。

演讲要控制在30分钟之内，过于冗长客户会失去耐心。公司通用的PPT模板不能"以不变应万变"，要根据不同层级和行业客户的场景裁剪编辑后定向使用。如果客户非常重要，最好在演讲前安排一次模拟训练。

（3）演讲对象。

对演讲对象要有预判，关注客户级别最高的人的感受。在PPT中设置可以引发互动的内容，并聚焦到客户级别最高的人的关注点上，做到有的放矢。

（4）寻求呼应，找到客户关键岗位上能帮助你的关键人。

演讲的最佳效果是获得在场客户高层的点头。最好能在演讲之前找到关键人，了解客户级别最高的人的关注点，并请关键人验证PPT的内容有效性，以求事半功倍。这样做会有两个好处：一是验证客户组织内有没有关键人愿意帮助你，二是提升演讲的效果。

面对重大项目，我会根据场景提出想法，经过客户中的关键人指点后，再请公司的技术专家补充内容，自己整理PPT的标题和内容，以迎合客户高层的想法。此举看似花费了不少时间，但增强了演讲的效果，沉淀的素材下次还可以延用。当销售能把一件简单的事做得尽可能地好，恰恰是差异化的表现，客户心中自有判定。

2. PPT 的逻辑与亮点

制作PPT之前要设定目标。首先，需要知道听众是谁，怎样才能引起听众的兴趣和互动，要让听众中关键的人领悟到什么。依据这三方面梳理好陈述的逻辑。其次，要有危机意识，做好各种预案，避免浪费时间和机会。第三，要关注差异性，区别对待。每个个案都不尽相同，不同的阶段、不同层级的客户的关注点不可能一致，切忌偷懒和懈怠，用陈旧的PPT随意应付，贻误商机。

事实上，制作PPT的过程也是帮助销售梳理逻辑的过程。在制作中，销售会不由自主地思考，从而调整行动方向。

最后，再谈谈PPT中的亮点。所谓亮点就是演讲内容中要有让听众眼前一亮的设计，可以预埋一些段子和噱头，调动起听众的情绪，营造轻松互动的氛围，从而提升听众对你的认知，实现演讲的目标。如何找到亮点？第一，需要对听众期望值有预判；第二，参照上节讲述的价值展示路径，列好陈述的逻辑，组织好内容；第三，依照上述案例提及的几个要素——数据、图形、文字之间的排序设定亮点的位置。

在PPT演讲中，追求页页都能讲得出彩，恐怕累死也做不到。演讲时间有限，一定要突出主次，把最重要的事讲清楚，次要的事可以留到下一次解决，必要时也可以先卖个关子。要有优先级排序，分清楚轻重缓急。如果你认为PPT的页数越多，客户就能了解得越多，就大错特错了。

制作PPT要有点工匠精神，精益求精，不断地积累才能越做越好。总之，演讲PPT要根据场景设定目标，把握正确的陈述逻辑，埋设亮点引发客户的兴趣，如果时间允许，能在演讲现场与客户进行互动交流，演讲效果会更好。

第六节
价值策略的制定

销售中所说的策略一般会包含两种：竞争策略与价值策略。我们先从竞争策略说起。

一、竞争策略

竞争策略泛指通过销售高级技巧，有效维护与客户高层的关系，帮助销售成单的一种策略。过去我在销售培训中，多沿用成熟教材加亲身体验去解读，效果不错，这也是销售培训课程受欢迎的原因之一。

在销售培训课程中讲述得最多的几种销售策略是进攻、侧翼、游击、防御和拓展五种。选择什么样的竞争策略，需要根据项目的状态和公司的能力来决定。

（一）进攻策略

启动条件： 当公司品牌好，有明显的实力和持续发展的能力，被市场公认产品质量上乘、技术能力领先、价格灵活、与竞争对手相比有成倍的优势时，可以采用进攻策略。

运作方式： 将技术优势转换为良好声誉。比如，将公司的技术特点和客户的业务有机关联，发掘客户的隐性需求，与客户产生互动，从而得到客户认可。

对于进攻策略，国际化公司都有一套几乎通用的方法。从市场推广做起，造势布局，资源整合，高举高打，强势出击。近年来，国内一些大公司或能持续发展的公司也沿用这种打法。有些公司做得很出色，其销售骨干多有国际化公司的任职经历。

进攻策略的特点是：让客户强烈感知公司在解决方案、品牌、价格等方面的优势。但能采用这种策略的公司为数不多。

（二）侧翼策略

启动条件： 若客户有特定要求，销售最好能将客户要求引导到公司的自有特色上，例如限定时间/门槛，以及其他商业约定。

运作方式： 需要说服客户改变某些选型准则，将原有的采购准则A加入新的因子B，成为A+B；或者说服客户将项目分项，改变或设定阶段型目标，缩小范围。用以上两种方法吸纳和消化客户需求，使你的解决方案覆盖面更广。

使用侧翼策略，要求熟知客户需求，及早部署，不断铺垫，提升客户对公司的认知。此时的工作量会加大，因为面对的是一个选型组织，需要好的销售能力和定力，分清主次，重点突破。

侧翼策略的特点是：将客户的选型准则逐渐转移到你的特色方案上，需要挖掘出客户特定需求并说服客户。这通常需要有经验的销售来完成。

（三）游击策略

启动条件：尽量将客户评判的关键点锁定到销售有把握的部分。可先签订其中一部分项目，引入更多的竞争者，以分散主要对手的注意力。

运作方式：需要说服客户将项目拆解成几个部分，同时要证明你有完成这部分工作的能力和把握。

使用游击策略，要突出局部优势，最好能扩大优势部分在项目中的经费占比。这时，还可调用影响客户的其他资源，比如与客户相关上下游的关系、对标企业等。

游击策略的特点是：将项目关键节点拆分成有把握实施的部分，这不是一个销售能完成的事，需要动用公司整体力量或其他资源。

（四）防御策略

启动条件：能与客户决策层建立好的关系，拥有可以影响他们的成功案例，能清楚掌握竞争对手的动向，找出合作伙伴为你背书。

运作方式：巩固上层关系，与合作伙伴结盟，展示技术优势，补充有说服力的物料，并能为客户的关注点提供咨询服务。

使用防御策略，公司要有好的技术储备和实施能力，要能阐述清楚公司的市场影响力和相关行业成功案例，让客户有案可稽。这需要文字和数据，不能只强调销售技巧和话术。

防御策略的目的是防止竞争对手的攻击，巩固已有地位，抬高入围门槛，使公司在竞争中占有领先地位。

（五）拓展策略

启动条件：公司的形象突出，但公司的能力有待被企业（行业）认可。力争与该企业决策者建立良好的关系，准备拓展此行业。

运作方式：当公司认定要与这个企业合作（或进入这个行业）时，要了解和关注客户的业务动向，展现产品与服务的拓展能力，并能引发客户其他需求，完成竞争布局。

使用拓展策略，可以在客户需求探究过程中介入，借助合作伙伴的资源，如果有邀标或者竞标的项目要积极参与，"刷存在感"。不一定急于求成，如果公司的实力足够强大，可能会有意外的收获。

拓展策略的出发点是对大客户项目的培育，为公司今后的发展奠定基础。

使用以上五种竞争策略应当从实战角度出发，一一回答下列问题：当有全局优势时应该怎么办？当有局部优势时应该怎么办？面对未来市场应该怎么办？对当下的市场竞争环境进行判断，据此来选择销售策略。这五种竞争策略的后四种在公司初创和成长阶段使用得较多，它强调销售布局，以赢得项目为目的，通过销售技巧去实现。

二、价值策略

价值策略，是指通过不断地向客户决策层展现和输送价值赢得大订单的销售策略，是对竞争策略的补充。随着市场环境和竞争态势的不断变化，销售技巧和套路不一定能完全适合解决方案大客户认知的变迁，因为许多大项目的成功是通过价值驱动来实现的。

启动条件：面对行业市场上成熟度足够高的客户，从客户认知角度出发，评估自己公司能为客户赋能的程度，让客户接受公司的专业价值。

运作方式：根据客户的需求和业务应用场景，以可行的实施方法和举措为突破点，持续与客户沟通，将实施方案前置并嵌入客户的业务流程中，与客户产生密切互动，提升客户预期体验。

（一）成熟客户的价值取向

在解决方案销售过程中，一些客户不仅需要解决应用中的功能问题，更期待遇到能辅助其提高生产力和市场竞争力的商业伙伴，这就是客户新的价值取向。

以下通过我在曾任职公司的一个案例，来谈谈价值驱动。

案例（4-13）：以价值取胜

2020年，某国家级企业（简称甲方）申请一个国家级重大工程项目，在立项过程中，甲方邀请了数家业内有经验的工程软件服务商参与，经过反复论证和评估后，我们入围了。

我们公司主管项目的销售经理找到董事长说："这个项目跟踪了许久，花费了公司大量资源，如果投标价格太高，会降低中标几率并影响今后与企业的项目合作。"他认为投标价格要有竞争力。

董事长回答道："我们及战略合作伙伴与企业高层有着多次沟通，他们明确提出要选择有多年实施经验的服务商，以保证这个项目的成功。我们有行业顶尖的技术专家和经过验证的科学实施方法，这是我们的价值。如果客户不认可这些价值，我们仅凭低价中标取胜，在技术投入和服务方面会受到很大制约，直接影响到项目实施的效果，对双方都是伤害，所以我们要坚持以价值取胜。"

结果，我们以高出竞争对手不少的价格中标。竞争对手多次向招标公司提出质疑，但企业还是坚持与我们签订了合同，因为他们心里更关注项目是否能够成功交付，看重的是我们公司的价值。

这一案例告诉我们，成熟度高的客户关注价格，但更关注项目是否会成功，以保证产品尽早投入使用，提高其市场竞争力。如果客户的成熟度不够，价值策略可能会失效，所以价值策略是否适用与客户的价值取向相关。

（二）价值策略实现的条件

1. 基本条件

如果客户关注如何尽快提升产品交付能力时，保证项目实施成功便是客户的价值取向。这时公司管理层要介入，拟定价值策略，组织技术资源，根据客户业务流程设定相关的实施路径，经过反复实践和优化迭代，形成一套科学的实施方法，凝结成客户认可的价值，符合客户的价值取向。这是价值驱动实现的基本条件。

2. 价值梳理

价值呈现通常由销售来陈述，但背后凝结着业务开发部门和项目实施部门的不懈努力，是在发展过程中不断提炼和总结出来的结晶。

输出价值较好的方式是：公司管理层先梳理好一些价值

链，以此去说服和吸引客户，并测试客户的反应，然后再由销售转化为具体的实施和服务方案，形成有效的互动，逐步取得客户的认同。如果公司管理层要求销售不断地向客户展现价值，却没有整理出公司的价值链来帮助销售，效果就不会太好。

3. 运行条件

要关注两种情况：一是客户认可公司服务的价值，愿意敞开心扉与你交流，但涉及经费问题时缺乏弹性；二是客户渴望项目成功，时间节点至关重要。如果是第一种情况，可能是项目不够大，决策人的层级不够高，所以对经费比较敏感。如果是第二种情况，项目重大，决策人层级很高，项目成败在此一举，那么客户会愿意在经费上有所让步。销售对以上两种情况要做出判断，根据公司整体布局，制定可行的价值策略。

价值输出是一根链条，需要通过一个个具体的环节和事件来体现，最好能提炼出两三句话作为关键词，塑造成企业文化，以强化客户的感知。呈现价值需要有实践的验证和科学的佐证，持续优化迭代，最终体现为公司独特的商业价值。这是公司的一项基本建设，既可以为销售提供工具，也可以为公司积淀财富。

三、竞争策略与价值策略的区别

（一）目标定位不同

竞争策略通常以项目取胜为目标，是一场"战斗"；而价值策略以帮助客户提高生产力为目标，是一场"战役"。

竞争策略在公司发展到一定规模后，可由一两个部门制定并完成；而价值策略则涉及公司的决策层，需要动用多部门的资源，相互配合，协调作战，直到目标的实现。

（二）应用对象不同

竞争策略与价值策略一般不宜同时使用。竞争策略是局部的"战斗"，公司需要投入诸多赢率较高的战斗，这是战术执行，以保障公司的正常运营。而价值策略是"战役"，一年不会太多，需要公司决策层来统筹，并指派资深的销售来完成，这是战略布局，以保证公司的持续发展。

本章小结

面对激烈的市场竞争，销售自认为在"建立信任""锁定需求"两个关隘阶段做得不错，准备继续将项目推进时，突然发现客户的态度略有变化，这时不必惊慌，因为客户对服务商的认知总是不断改变。此时，需要通过"展现价值"得到客户进一步的认同，建立更加牢固的双边关系。

在不同的场景下价值会有不同的呈现形式。比如，人们在日常交友时，可能会先关注对方的外貌，随后了解其人品和素质，通过接触再关注三观是否吻合，这是审视交友对象价值的过程。如果那个朋友也想与你交往，会积极策应，这种互动会使彼此之间认知过程缩短，甚至会出现相见恨晚的感觉。

在解决方案销售中也有类似的场景。客户有自己的价值观，在不同的时点会有不同的视角。在与销售打交道的过程中，大部分决策者会选择第一个与他探究价值并有洞察力的销售，这对解决方案销售是一个非常重要的提示。如果你有很好的规划，想在职业道路上走得更远，必须加强对价值的探究并提升洞察力，很好地承担起传递价值的任务，让自己变得强大起来。

本章是目标销售中的第三关隘，重点斩获的二将是"挖掘痛点"和"找到Coach"。挖掘痛点是展现价值的基点，通过发现客户需求背后的需求，帮助客户梳理Want和Need的关系，对症下药。而找到Coach则是为了保障行进方向的正确，要求找对人，走对路，抢占制高点。

进程把控与效率监测

进程把控，预案先行
销售效率的监测模型

场景分析及战前布局

项目场景分析
做好战前布局

招投标的要务与销售的责任

招投标的四项要务
项目的状态和销售的责任
关注进程，主动出击

斩获第五将

高层拜访

日常工作中的高层拜访
销售中的高层拜访
高层拜访中的得与失

选择标准与判定

选型准则
选型准则的判定

斩获第六将

选型准则

正视客户选型准则
积极参与选型准则

本章是目标销售的第四个关隘：寻求共识。核心观点：遵循客户选型准则，与客户达成共识。在此关隘，客户的认知是"我凭什么要选你"，我们的目标是"证明我的价值"，见下图。

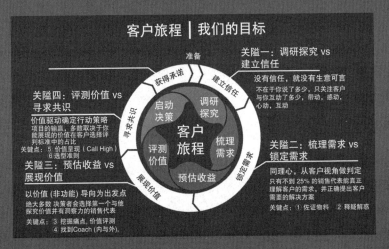

目标销售进程图之第四关隘：寻求共识

如何做到与客户达成共识？首先，须了解客户决策层的价值取向，要比竞争对手更了解客户期盼解决的问题；其次，对复盘前期的工作查漏补缺；再次，预判即将面临的问题和可能的场景，提前部署；最后，在客户拟定选型准则的过程中与客户进行充分协商，力争达成共识。

这一关隘有两个值得关注和重视的节点：一是在规定时间内要与决策者达成共识；二是匹配客户的选型准则，获得青睐。这也是解决方案销售过程中要斩获的第五将和第六将。

第一节
进程把控与效率监测

销售攻坚战即将开始。首先，要判断自己是否行进在正确的道路上；其次，要保证销售推进的效率，在项目推进中占据有利地位。

一、进程把控，预案先行

（一）进程把控常见问题

1. 缺乏主见，跟着别人跑

在销售推进过程中，有些销售不能主动引导客户，当客户说到竞争对手有不错的解决方案时就沉不住气，转身回到公司找资源，想以此与竞争对手"掰手腕"。如果没有找到理想的资源，便会垂头丧气，被别人带着跑。

以下是我经历过的一个案例。

案例（5-1）："找死"还是"等死"

许多年前，我在一家外企公司做区域经理，一个竞争对手的销售经理想跳槽到我的销售团队。他受过很好的教育，有一定的社会阅历，举止温文儒雅，很容易让客户接受。我认为他比较成熟，无须过多指导，便录用了。

不久，我将一个已经铺垫得很好的客户项目交给了他。他很快就与该客户主管副总经理建立了良好关系，不仅能与副总经理从容对话甚至还能与其家人聊家常。他对拿下客户项目很有信心。

但随后发生的事情出人意料。该客户信息部门负责人突然布置了一道考题，要求我们一周内用软件设计出产品的一个关键部件，以验证我们的产品性能。在那个年代，我们有时也会根据客户要求做考题，但是都要经过一段时间的准备，现在客户要我们马上做考题，其实背后的原因是信息部门负责人不认同我们。随后我了解到，出考题是一家竞争对手和信息部门负责人共同设的局。

我问销售打算怎么办？他说："我们的技术能力不差，应该组织最好的资源与竞争对手PK。"我追问："仓促上阵，万一测试结果不好怎么办？"他说："我可以再去找客户主管副总经理来协调此事。"其实这个项目现在已经失控，此时做考题是"找死"，不做考题是"等死"！唯一的办法是说服客户主管副总经理叫停做考题这件事，我们才有可能活下来！

以上案例说明，销售的失误在于疏忽了客户选型组织其他成员的作用，只顾及了一个点，却忘记了线和面，直接掉进竞争对手为他挖的坑。此案例中销售没有做好销售布局，即使让客户的高层出面拦截下这一不利进程，也会为项目留下隐患。只低头拉车、不抬头看路的销售是走不远的。

2. 押宝对接人，自己躺平

有些客户对接人与销售相处得不错，有时会向销售承诺一些自己做不到的事，这是有风险的。当销售发现项目推进不力，再去找话语权更大的人时，却已经来不及了。

还有的销售去找话语权更大的人受阻后便不再努力，寄希望于和自己关系不错的对接人，或者等待本公司高层出面，这是赌博行为而不是销售行为，即使项目赢了，也是小概率事件。

寻求共识过程中要拒绝等待或者观望。当对接人把控不了局面时，销售要么自己勇敢地往上冲，要么找到贵人相助，二者必择其一。

3. 没有充分展现自己的价值

不少业内知名的解决方案销售公司，有时得不到客户的好评，甚至还竞争不过业绩一般的同行。很有可能是其没有充分展现自己的价值，取得客户的认可。

案例（5-2）：怎么才能让专家信服？

十几年前，我经手了一个重要客户的项目。在项目竞争中，我认为我的销售历练加上公司的技术实力足以碾压其他竞争对手，胜券在握。

在项目推进过程中，我带着售前工程师与客户认真交流，也非常注意在客户选型组织主线中的关系维护。

结果出乎意料，一家竞争对手以微弱优势胜出。

经与客户相关负责人沟通得知，在最后评价中，我们的商务分占优，竞争对手的技术分占优，综合总分值我们惜败。竞争对手投标的技术方案与客户的应用关联度比我们清晰许多，获得了专家的认可，我们败在没有充分展现出自己的价值和技术关联优势。

在这个案例中，我们在业务覆盖面上有优势，客户关系维系得也不错，但这些在评标文件中反映不出来。我们偏重关系维系，竞争对手在投标文件上更下功夫，表述略胜一筹。客户技术代表与专家评委只能通过投标文件的技术方案比对和判断。我们的优势没有充分显示出来，必然导致失败。

客户不会只注重服务公司的行业影响，而是会根据服务公司的解决方案做出评测。在这种场景下，销售技巧只是一种辅助工具，而赢单的杀手锏是向客户展现出自己的价值。

（二）做好预案有效应对

设计先行是指对项目进行预判，并做出应对方案。影响解决方案项目推进的问题有许多，倘若能从客户的角度进行思考，与客户认真探讨并找出应对的办法，推进效率必然会得到提升。

1. 关注客户认知时段，及时应对

客户的认知是随着解决方案销售的推进而不断提升的。具体来说，客户初始的认知是"我要买你的服务吗？"，随后的认知是"谁能帮我梳理需求？"，进一步的认知是"你拿什么来说服我？"，以此类推，这就是客户认知的不同时段。销售中会有以下场景，当客户的认知在"谁能帮我梳理需求？"时，你在努力传递价值；当客户在关注"你拿什么来说服我？"时，你却大谈客户需求所在，无法做到与客户同频。

关注客户认知时段，需要跟随客户的变化而变化，发现每个认知时段的问题并着手解决。换言之，大客户销售之路要一步一步地走，防止操之过急。当信任没有建立起来时，客户很难认可你梳理需求的能力；而当客户没有认可你的能力时，所展现出的价值客户也感知不到。

当然，有些客户的认知时段会出现跳跃，但销售的行动目标还是应该从"锁定需求"开始，随后才是向客户"展现价值"，循序渐进，步步为营。

2. 重视日常训练，努力说清楚自己的价值

价值是公司通过专业能力和多年实施经验沉淀后形成的竞争力。解决方案销售最需要提升的功力之一，就是在有限的时间内让客户理解并接受你的价值。

在项目推进的中期，销售时常会遇到推进不力的困惑，多半原因是展现的价值没有被客户接受和认可。这时销售应该上下求索，找到帮助项目推进的资源和物料以说服客户。销售管理者要定期帮助销售提升展现价值的能力，有针对性地进行训练。销售也不能因为每天都在战场拼搏而忽略了日常的训练和学习。

3. 主动探询，完善沟通载体

听到即看到，看到即用到，这是一种较高的销售境界。

销售根据客户的认知时段，在提出自己观点的同时要主动列出佐证物料，辅助客户加深对你的认可。这些佐证物料可以是与客户相关的案例、实施场景、行业动态和解决方法等，做成文字加图案的沟通载体（物料）可能更容易让客户接受。理想的状态是当客户听到你的观点时，便能看到佐证物料；当看到佐证物料时，客户的应用数据就能套用到相关的方案中进行模拟。

过去市场信息不对称，销售仰仗销售技巧让客户接受自己的观点便可完成交易。如今的市场信息越来越透明，客户的要求也越来越高，在接触你的同时还会通过很多相关信息做比对，所以，你的观点要经得起推敲和验证，沟通载体要更直观，让客户能实时感受到。

沟通载体是加深客户印象的文字工具，主要指调研的提纲、沟通纪要、需求确认、成功案例和方案建议书等。与客户沟通前和沟通中，需要通过沟通载体来探询客户的反应，及时调整行进方向，以便更好地与客户形成共鸣。首先，要熟悉客户的业务流程，模拟客户的需求；其次，要不断积累和优化完善演示模板（沟通载体）的可视化程度；最后，争取做到让客户听到即看到、看到即用到。

在大客户销售中，没想到比没做到更糟糕。要树立设计先行的意识，不能等问题发生后再解决。

二、销售效率的监测模型

大项目的推进是一个漫长的过程，必须关注项目推进的效率。

销售效率是销售管理中的一大难点。在每周大项目复盘中，销售会以自己的认知和判断向销售管理者汇报，管理者会以自己的经验与销售沟通，进行指导。由于客户场景不同，时常会出现这样的场面，销售说不清楚问题出现在哪里，管理者也讲不明白应该如何应对。例如，销售向管理者说，他遇到了一个坎儿，管理者会说，这个问题销售早该想到。这样的对话既不能揭露问题的实质，也没找到解决问题的方法，势必贻误战机。

要解决这个问题，一个简单有效的方法就是根据自己公司的情况，搭建一个销售效率监测模型，设定项目进阶的客观判断条件，避免主观臆想，提前预判问题并提出解决问题的方法，让管理者与销售在项目推进中保持同频，这是销售效率监测的第一步。

在互联网咨询服务和SaaS企业中，客单价低，成交周期短，项目数量多，销售推进效率显得尤为重要。那么，销售效率模型怎么设计呢？需要根据客户需求认知的态势，列出一个可执行的销售路径，对路径中的关键节点进行监测。

（一）销售效率自检和风险防范

1. 销售效率自检

针对目标销售的五个关隘，我依据客户旅程设定了五个关键监测项，分别是信任程度、需求认定、说服理由、寻求共识和获得承诺，并以雷达图的形式呈现，见图5-1。

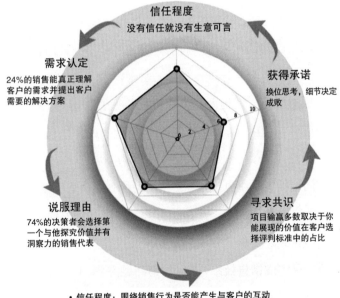

- 信任程度：围绕销售行为是否能产生与客户的互动
- 需求认定：观测销售通过什么方式去完成对客户需求的确定
- 说服理由：检测销售使用佐证物料的情况及效果验证
- 寻求共识：督导销售理解客户选型组织，对项目进程予以把控
- 获得承诺：提醒销售在商务进程中须重点关注的事项

图 5-1　销售效率自检

　　雷达图的五个监测项下有数个监测点，以下是五关监测项关注的维度。

　　（1）信任程度：围绕销售行为是否能产生与客户的互动；

　　（2）需求认定：观测销售通过什么方式完成对客户需求的确定；

　　（3）说服理由：检测销售使用佐证物料的情况及效果验证；

　　（4）寻求共识：督导销售了解客户选型组织，对项目进程予以把控；

　　（5）获得承诺：提醒销售在商务进程中须重点关注的事项。

　　雷达图每项赋予0~10分，以此来评测销售行动完成的程度。销售要根据项目进程对雷达图实时更新，在填写图内监测点的过程中，销售根据不同的分值对自己的行为进行自检，及时调整改进。

　　可从目标销售的第三关隘"展现价值"开始循环使用雷达图，直至项目成交。

　2. 项目风险预警

　　销售在完成销售效率自检工作后，还需要根据客户选型组织的权重做出判断，做好项目风险预警，见图5-2。

项目名称：北京XXXX有限公司

责任人：赵总

项目状态：60%

星级程度：★

风险程度：高

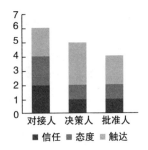

❙ 请根据实际情况选择相应的表述

维度	表述	对接人（KP）	决策人	批准人
触达程度（三选一）	没有触达			
	一般触达		●	●
	有效触达	●		
客户态度（三选一）	差			
	中		●	●
	好	●		
信任程度（五选一）	工作关系			
	有好感	●		●
	一般互动		●	
	找到Coach和参与选型准则			

图 5-2　项目风险预警图

　　客户选型组织里一般有三种人：对接人、决策人和批准人。决策人通常会听取项目主管（对接人）的汇报，拥有采购哪一家公司产品和服务的决策权；批准人通常决定这个项目是否当下采购，有时也会参与决策。

图5-2中横向分为三个角色，拥有不同的权重。纵向分为触达程度、客户态度和信任程度三个维度，赋有不同的分值，三项分值相加的最高分为10分。以批准人/决策人的分值为主，对接人的分值为辅。0~4分，项目风险值为高；4~6分，项目风险值为中；大于6分，项目风险值为低。

以下为分数评测条例：

（1）触达程度分为没有触达、一般触达和有效触达三级，分值依次为0、1、2。

（2）客户态度分为差、中、好三级，分值依次为1、2、3。

如果销售判断自己在客户眼中的位置是"好"，要再想一下，好在哪里？是情感上"好"，还是技术能力上"好"？如果是技术能力上"好"，怎样去放大？如果是情感上"好"，怎么才能转换成技术能力上"好"？

如果判断是"中"，那么接下来你的行动方向是什么？要再次判断有没有权重更大的一条主线。如果有，可重新调整布局。

如果判断是"差"，要重新审视一下客户选型组织中的制约关系，判断"差"在哪里，评估反转的可能。如果不在话语权大的主线上，不一定非要扭转这个局面，因为从"差"要转成"好"会花费很大的精力。如果时间允许，要调整方向，努力回归到新的主线上。

（3）信任程度可设定五级，分别是工作关系、有好感、一般互动、找到 Coach 和参与选型准则，分值依次为 1、2、3、4、5。可以验证销售与决策人达成共识的程度。

以上两张图填写起来十分简单，不会加大销售的工作量，但能及时提醒销售尽早地调整行动策略，防止问题出现时来不及补救，对初创或者销售体系尚待完善的公司尤其有效。它迎合了当今销售组织中要有自适应学习能力的趋势，对销售新人可以起到指导和警示作用。

在大多数情况下，大项目的成交概率与能触达的客户层级高低呈正比。所以销售应努力找到客户层级较高的关键人，以降低项目推进的风险。公司可以根据自己的情况，设置适合的销售效率监测和风险预警模型，以保证项目进程可控。

（二）过程监测的执行

销售在填写销售效率自检图时会生成相应的分值，管理者应依据图中相应的分值发现存在的问题。

在销售复盘中，管理者要敦促销售做好两点：一是项目的预判和应答；二是解决不了的问题要及时"报警"。

1. 预判和应答

一般来说，在公司里主持销售复盘的多是销售中最有经验的人。他们需要根据项目的不同阶段，提醒可能发生的问题，同时根据销售场景提供一些基本方法供销售参考，鼓励销售去尝试，这便是项目预判和应答。

2. "报警"及求助

"报警"和求助，这是最容易出现问题，也是多数销售管理者没有强调的部分。

销售在说服客户方面出现了问题，销售管理者可以通过雷达图中相关节点进行监测，帮助销售分析，找出更好的解决方法。如果销售的能力不足而影响项目推进时，销售要在第一时间向上级"报警"，请求帮助。

随着项目不断地推进，销售成本逐渐增大，出现问题需要及时沟通，避免半途而废。这时，项目预判、应答和"报警"便成了项目监测执行中不可忽略的环节。

第二节
场景分析及战前布局

一、项目场景分析

在此关隘中，可以通过以下三个角度对项目推进的进程做出分析：客户眼里的你、你所处的位置和风险防范。

（一）客户眼里的你

可以从两个角度观察客户眼里的你：客户的信任程度、客户认可你什么。

1. 客户的信任程度

销售汇报说客户对公司的解决方案挺满意的，每次约见都不拒绝，沟通也很融洽。但这并不是信任度的评测条件，因为这些因素会随着时间发生变化。建立信任通常会经历让客户心动、感动、互动几个过程，有时双方情绪激动甚至与客户起争执可能比双方平淡客气更好，因为客户信任取决于业务互动。

2. 客户认可你什么

第一，要扪心自问，客户在哪一点上认可你。是人品，是产品，还是销售的自我感觉？销售可以将上面的认可点聚焦到与客户交往的一个具体场景中，让销售管理者根据场景来加以判断。第二，再自问，如果客户信任你，当你提出具体请求时，他真的会帮助你吗？这也是测试客户认可度的一种方式。

（二）保持有利位置

可以从三个方面考虑销售所处的位置：销售铺垫的程度、知己知彼和能否找到Coach。

1. 销售铺垫的程度

销售铺垫是指在前一个关隘为下一个关隘做的前瞻性动作。事实上，销售前几个环节处理得好，便为寻求共识打下了好的基础。很多解决方案销售不太在意前期铺垫，一旦竞争对手做到了，就会措手不及，不得不翻回头来补台。

面临决战阶段了，有必要对前三个关隘的行动结果做个回顾和评估。

首先，信任问题。销售与客户在业务层面或具体应用服务事项中有过互动吗？有过被客户质疑的经历吗？

其次，需求探索。销售了解到客户需求背后的需求了吗？能帮助客户理解从 Want 到 Need 的关系了吗？

最后，价值展现。销售展现的价值被客户认可了吗？客户能够理解（或接受）你提供的服务比竞品更高的价格了吗？

扎扎实实地做好上述事项的铺垫要花费很大的精力，但每一步都很重要。

2. 知己知彼

在项目推进过程中，要及时了解竞争对手的动态，做好竞争对手分析，做到知己知彼。要先有清楚的判断，并准备好相应的对策，然后找有经验的销售管理者帮助评测一下，再设定竞争或者价值策略，确定突破点，做到扬长避短。

3. 能否找到 Coach

在寻求共识中，谁愿意帮你？有没有 Coach？

有些销售由于缺少主动进取精神，在关键时刻找不到愿意帮自己的贵人，这时销售管理者要及时提醒他们，多数解决方案大项目不是一个销售能把控得住的。要想赢大单，除了尽早铺垫，步步为营，还必须找到在关键时刻可以帮助自己的人，这是项目成功的必要条件。

以上三点分析和行动，可以帮助销售保持有利的位置。

（三）风险防范

1. 选型组织的认可度

这个问题比较好理解。首先，要判断客户选型组织的主线和参与人的权重；其次，要判断自己得到了哪些人的认可，是决策人、对接人，还是自己的Coach。在销售进程中，观察角度不同，得出的结论自然不同。最好能找到从另外的角度进行观察的人，进行多维度的判断，协助你减少误判。

2. 竞争策略是否有效

竞争策略是否有效，试一试才能知道。但试完了如果发现策略无效，还能纠正吗？在决战前夕，一半以上的项目都没有时间试错。如果能提前发现客户决策层的关注点，集中技术资源去攻关，以此作为竞争策略的设定依据，可以减少试错成本，让执行更有效果。

3. 商务条款的制约

有人会说，还没有到投标阶段呢，谈论这个问题为时过早。但销售最好要了解两点，一是项目中有没有关于资质的硬性约定，二是是否要求服务商有同类应用服务的经验和案例。

这些商务条款与客户的选型倾向有关，可能帮助你，也可能限制你，有时也会成为你与客户达成共识的障碍。事实上，这些条件在展现价值阶段已经开始设定，销售应该根据项目推进的要求，或说服客户增强它，或请客户修正它，不能糊里糊涂走到最后才发现。

以上判断和分析，便于清楚地了解你的优势和不足，做到心中有数，防患未然。

二、做好战前布局

项目场景分析后需要做好销售布局。

在寻求共识的关隘中，客户的认知聚焦在"我凭什么要选你"。对于解决方案销售而言，此时技术的比重通常大于商务。因此，销售要从技术角度出发，以实力和优质的实施方案打动客户，而不是仅靠销售经验和价格。

（一）持续挖掘痛点

客户的需求和痛点，是在销售进程中不断被重复提起的问题，现阶段要根据客户认知情况重新做出判断。如果是客户的痛点，客户在接受你的解决方案时会有明确的表述和认可；如果还不能明确是否是客户的痛点，要主动探询并及时做应对工作，防止出现其他变数。

下面是我亲身经历的一个案例。

案例（5-3）：抓不住痛点，复购项目也会丢失

有一年，销售在预测列表中列出了一项赢率较高的二期复购项目。主管项目的销售了解到我与这个企业的新任董事长曾有过交集，希望我能带他去做高层拜访。在董事长的安排下，我与企业主管项目的负责人见了面，相谈甚欢。

随后，我问销售，客户选型组织架构中三条线的覆盖工作做得怎么样时，他说信息部门和设计部门的关系都维护得很好，采购部门的情况有待加强。我提醒他，二期服务项目需要持续挖掘客户的痛点，要让信息部门和设计部门理解我们的解决方案好在哪儿，站出来为我们说话。同时要与采购部门建立好关系，不能出现短板。但是销售执行得不好。

招标开始后，竞争对手抛出了超低价格，我担心的事情还是发生了。采购部门选择了低价中标，我们出局。

分析一下这个案例，是战前布局出了问题。其实在项目的一期开发中，我们提供的服务客户是满意的，二期应该持续优化，以此继续挖掘客户需求背后的需求，帮助客户提升业务方面的应用能力，让客户认同我们的价值，以此来影响客户的决策。但由于销售盲目自信，工作不深入，在关键的时候没有展示优势，痛失复购项目。

（二）关注选型组织内部关系

销售布局时要同时关注客户业务和商务部门的制约关系，在投标之前做好应对准备。

当然，协调好业务和商务的关系并不太容易。如果行动前没有布局的意识，不去积极尝试，当项目推进的关键点出现问题时，势必手忙脚乱。尤其是没能将己方的技术优势列入客户的选型准则中，关键时刻将会功亏一篑。

具备多条线并行处理能力是销售成长中的一个关键项。一是要勇于尝试，及时找到关键人；二是要学会做好项目预判，防范风险，提前布局；三是通过实战演练，不断积累和沉淀，提升自己。

第三节
招投标的要务与销售的责任

在寻求共识的关隘中，项目通常已经进入到招投标的阶段，这时销售需要谨慎行事，做好自己，知己知彼，有的放矢。

一、招投标的四项要务

项目公开招投标是常态，招标公司有标准的招标流程。销售不能仅依赖公司商务及其他部门帮助自己完成投标事项，而要主动了解客户选型场景和招标公司的操作流程，在投标前做到心中有数。

现实中，不少销售说不清楚投标流程的细节。在重要项目招标前夕，我经常会问主管项目的销售，对客户选型组织架构了解吗？知道项目的立项过程和经费来源吗？知道客户通常会选择哪家招标公司吗？这绝不是小题大做，而是销售的必修课。销售要知晓这些细节，以便把控投标过程，做好资源调配。

应对竞标事宜须注意以下四项要务，见图5-3。

（一）不可不知

掌握客户项目立项过程，便多了一个与客户对话的窗口。

立项的过程：立项起因，是指由哪个业务部门向企业提交的立项报告，企业又向哪个上级主管机关提交，立项过程到了哪个阶段。

不可不知 01
☒ 立项过程
☒ 项目经费

不可不想 02
☒ 组织架构
☒ 三条主线

不可不报 03
☒ 所处位置
☒ 风险防范

不可不为 04
☒ 审时度势，确定策略
☒ 协调资源，价值驱动

图 5-3　投标前夕的四项要务

在工程领域应用项目中大致的阶段是，立项可研、初步设计、立项批复。销售应根据立项的阶段，合理分配时间，适时地向客户输出价值。

项目的经费：立项的方式不同，费用出处也不尽相同。国企通常会有技术改造、科研和自筹等费用之分。项目经费出处不同，销售方式也不尽相同。

项目批复单位：批复单位是指国家、管理企业的上级机构等。如果项目足够大，可以调配资源对这些机构开展技术宣讲活动，以扩大公司的影响。

以上被称为销售不可不知的事。

（二）不可不想

这里需要关注两方面的问题。

一是关注企业内部组织架构和项目购买运作的流程。大项目完成立项后，通常批复的经费会少于立项申请的经费，这时客户组织架构内部子项目经费的分配非常重要。销售需要掌握这些经费的批复情况，并积极寻找机会，方能把控项目的进程。

二是关注客户选型组织的关联程度。通常企业需要购买解决方案及其应用，立项的业务主体单位在选型组织中的权重就会高一些。所以，在项目招标的前夕，销售一定要搞清楚选型组织的三条主线——业务、信息、采购之间的约束关系，重新审视对三条主线的把控程度，确认各自的权重，以便将工作重心调整到权重最大的主线上。

这是销售不可不想的事。

（三）不可不报

首先要掂量一下自己在客户选型组织眼中的位置；其次要

有风险防范意识，不能只报喜不报忧，这样对公司和自己都没有好处。当销售的经验和意识不到位时，通常会疏忽一些对项目发展不利的潜在因素，例如三条线的权重及其变化，或者有些局面把控不了等。销售要潜心观察，在判断不清时，一定要及时求助。

这是销售不可不报的事。

（四）不可不为

对立项过程/项目经费、购买流程/选型组织、风险等要素进行分析后，需要立即设定行动目标，以保障行动的有效性。

首先，需要审时度势，确定策略。如果当下有利，如何巩固战果；如果还有不足，完善竞品分析，设法破局。其次，协调资源，价值驱动。调动相关资源，适时持续地展现让客户能感受到的价值，并加以验证。

此为销售不可不做的事。

此四项要务可能对传统解决方案销售更为适用，该布的局要及早下手，该做的事要尽早做，该下功夫的地方别偷懒，切不可因小失大，前功尽弃。

有的销售会觉得手中项目众多，关注这些琐碎的事会无端地加大工作量，不用这种方式也照样能赢单。事实上，销售成单多少都会有些运气成分，但机会只会眷顾有准备的人，若想持续成功，需要比别人花费更多的力气。实际上，当销售意识到四项要务并开始提前操作时，会发现其实节省了不少时间，因为明确了四项要务后，对下一步行进的路线会看得更清楚，减少了左顾右盼的犹豫时间，直奔主题，行动效率反而提升了。

二、项目的状态和销售的责任

在大项目中，得到高层拜访的机会是有限的，销售需要重视并提前部署，做到知己知彼，这个"彼"就是客户的选型组织。

在项目推进进程中，通常要得到客户选型组织中关键成员（对接人）的基本认可，才能获得与客户决策者的见面机会。销售最好能在高层拜访之前，通过对接人确定决策人的关注点，判断项目所处的状态，做好设计和预判，取得预想效果。

（一）判断项目状态

如何评测项目当下的状态？大多数公司会通过销售复盘环节来解决。一些公司会根据销售项目设定一些行动条例，让销售根据情况填写，这时销售多半凭主观感觉填写，管理者很难客观判断项目状态。还有一些公司会先将项目推进情况进行分类：A.必须拿下的项目；B.经过努力才能拿下的项目；C.正在培育的项目。按照分类设定项目的优先级排序，便于公司资源调配，但这三个阶段的边界如何确定却是个难题。目标销售会根据客户旅程设置项目推进的几个阶段，并设定进阶条件，以描述和把控项目推进的状态。

1. 项目推进监测

销售要有项目进程把控意识。在复盘之前，销售必须通过公司设定的项目推进状态选择题进行行为自检，生成雷达图数据（参见图5-1），完成状态更新，从中发现可能存在的问题。销售管理者可以根据雷达图中的分值对销售进行提问，商议解决当下可能存在的项目推进问题，对项目进行监测。

2. 项目风险防范

通过上述监测，如果发现销售还没有与决策人直接对话，雷达图中会有风险预警。有些销售虽然意识到风险的存在，却因为找不到与高层接触的路径而变得懈怠。这时，销售管理者应该尽可能地帮助销售寻找方法和调配资源，以防止项目的风险扩大。

3. 找到说服客户的方式

即使销售能接触到决策者，还要判断自己的观点是否已经影响到决策者，在销售雷达图中可以监测这一关键点。如果与决策者接触后，项目仍然没有得到推进，销售管理者要提醒和协助销售查找原因，重新调配资源，鼓励销售找到合适的方式再去说服和影响客户选型组织中的关键人，同时监测销售与客户决策者互动的情况。

（二）明确岗位责任

第一章中提到，完成一件事需要四个要素，即目标、责任人、资源和完成时间，现在再次重申。不能因为同在一个团队，都是队友和朋友，出了问题就必须共担责任，这对团队中最努力的人是不公平的。

1. 单一责任人

先看以下案例。

案例（5-4）：板子该打在谁身上？

A公司跟踪一个大项目许久，与客户相关的部门建立了良好关系。项目属于软件应用集成，囊括软件产品、实施服务和第三方的产品。第三方产品公司承诺全力支持A公司。

项目投标开始时，A公司表现得不错，唱标时价格在竞争中占有优势，该项目已经胜券在握。但评标开始不久，评标委员会通知A公司授权代表，其符合性审查没有过关。原因是实施单位与投标主体不符，不符合招标文件中不得分包的约定，就这样取消了A公司的参与资格。

这是A公司在十几年投标中从未发生过的事件，近千万元标的的项目毁在了一个十分低级的错误上，公司管理层内部顿时炸了锅。查找原因时发现，公司本来是有投标商务流程的，但是问题出在哪里不清楚：究竟是投标授权代表疏于检查，还是商务部门审核不严，或者是销售助理电脑录入失误？由于流程中没有在各个执行节点中指定具体的责任人，导致责任难以追究。鉴于事态的严重性，公司各打五十大板，处罚了不少人。但无论如何，也无法补救给公司带来的巨大商业损失，教训是非常深刻的。

这个案例让我想起在外企管理训练中，老师不断地强调责任人的概念，指出在职场中出现了问题，板子不能乱打，只能打在一个人的身上！意思很明确，凡事必须责任落实到人。在上述案例中，A公司的流程执行节点中没有标识责任人，那板子只好打在大家身上了。

这个案例警示我们，即使有推进流程，也要在关键节点的执行上安排单一责任人。同时销售要有担当，否则出了问题相互推诿，流程便成了摆设，公司的战斗力会直接减弱。

2. 谁是操盘手

说清楚单一责任人，再来解释什么是操盘手就容易了。

销售需要独立思考，要有责任担当，但到具体项目的执行上有些销售还是会含糊。这里会有两种情况：一，管理者管得太多，让销售有依赖心理，上司说什么自己努力去做就是了；二，销售自己不善于总结经验，当管理者要求他说清楚此项目的打法时，支支吾吾说不明白，让管理者看着干着急。这种现象的发生，说明销售缺乏积极进取的精神和善于思考的能力。改善的方法是，销售管理者要敢于放手，鼓励销售独立思考和行动，与销售之间形成良性互动，同时又要加强指导，帮助销售尽快成长。

我在任期间，常常主动冲在一线，一些事情喜欢亲力亲为，顾此失彼。我们公司董事长在培养销售上很有一套，其所作所为总是给我许多启发。

案例（5-5）：你才是操盘手

当销售提出需要董事长出面拜见甲方高层领导时，董事长常常会问："你要我出面可以，但你要告诉我，我需要对领导说些什么？"看似非常简单的话，但是话中要求销售行动前要有清晰的想法，行动必须有目标。

如果销售的思路不能让董事长满意，他一般也不直接批评，而是会再叮咛一句："你要清楚，此刻我只是你的棋子，你才是操盘手，要达到什么目标必须想清楚，说明白。"言下之意是在告知销售，成功与失败的第一责任人是他，高层拜访的结果操纵在销售手里，董事长不会为他担责。

董事长的说法可谓"此处无声胜有声"，直接解决了销售管理者苦口婆心说教也没能解决的问题。销售不能有依赖心理。管理者要主动训练销售的这种担当意识，鼓励他扮演好操盘手的角色，保证项目顺利推进。

一言以蔽之，责任担当是行动准备中的重要环节。

三、关注进程，主动出击

做好了行动准备，下一步需要考虑如何有效地执行。

（一）把控项目推进节点

1. 做好预案

有些销售手里跟踪的项目颇多，并行处理能力不足，疏忽了对重点项目的时间节点做出判断，到了寻求共识阶段，才发现有些该做的工作没做，出现了像案例（5-1）"找死"还是"等死"的现象，在关键时刻掉了链子。

项目越是接近尾声，越要有如履薄冰之感，加倍小心。不能消极等待，要及时关注项目推进时点的变化，面对客户决策者的关注点要主动设定应急策略，提前做好应对预案。这些举措要从展现价值阶段开始，到项目签约或丢单时结束。

2. 及时提交相关文档

根据时间节点，销售最好将公司的价值整理成一份书面的建议书，向客户展现价值并让其接受。准备建议书有两个好处：一是在投标前多了一次与客户沟通的机会，以此来判定客户的认可度；二是通过客户对建议书的反应，探测竞争对手在客户心里的位置，以便调整和应对。这是解决方案项目推进的一个重要环节，既是一次主动出击，也是对自己行为效果的一次检验和总结。

有许多销售前期做了不少铺垫工作，看到客户有不错的回馈，便觉得自己该做的工作已经做完，忽视了向客户提交建议书。还有的销售担心这样的文字稿会让客户不舒服，况且自己还要费工夫，便常常省略。其实，在招标启动前，大多数客户更愿意关注有积极进取的态度和主动求胜欲望的销售。

（二）审时度势，顺势而为

1. 主动出击，抢占先机

主动出击，是为了尽快寻求与客户的共识，提升项目投标的中标率。

案例（5-6）：创新求变，主动寻求与客户的共识

十多年前，某央企要选择一项在全国各个大区应用的平台软件，一家国际知名软件公司跃跃欲试。该公司的销售经理认真审视了客户的需求，了解到客户无论选择哪种平台软件最后都要与现有的硬件平台做设置匹配，如果匹配不当，软件功能会有不少损耗，这应该是客户除了软件功能选择更为关注的问题。

他认为客户的这种担心正是项目的突破口，恰巧自己公司已研发出了一种用软件替代部分硬件功能的新产品，不仅能提升软件的使用效率，还能减少软件在硬件匹配方面产生的关联问题。该产品已经通过测试，不久即将在国际市场上发布。

客户的选型小组由全国范围内的专家组成，如何与这些专家沟通并达成共识是销售的一个难题。

销售经理在充分整理了新产品的资料后，首先向在京的客户选型小组召集人汇报。召集人对新产品基本认可，但对其可靠性还有担忧。销售经理早有预判，他坦诚地向召集人建议在

下次选型小组的会议上，探讨新产品使用的可能性，召集人接受了他的建议。

在选型小组的会议上，销售经理、公司领导和资深应用专家悉数到场，全面介绍了公司新产品的设计逻辑、软件性能的延展性，与客户选型小组专家积极交流，公司领导也诚恳地做出了售后服务的承诺。随后，销售经理将认真准备好的沟通纪要及未竟事宜文本交付到每个选型小组成员手中，以加强专家对新产品和公司能力的了解和认知。

由于该公司对客户需求有着深刻的了解，在业务应用方面交流充分，得到了客户选型小组专家成员的认可，最后顺理成章地中标。

这是销售勇于创新、主动出击的经典案例。项目的成功在于，一是善于分析，抓住客户的痛点，创新求变；二是勇于讲出竞争对手不曾想到的问题，与客户在应用层面充分交流，得到客户认可；三是在关键时刻，调用所有资源，当面确认细节，高层出面并做出承诺，尽早与决策者达成共识。

2. 学会放弃

学会放弃并不容易，特别是对前期销售投入比较大的项目，销售往往难以割舍。但是一旦发现力不从心，或者没有胜算，也要面对现实，学会放下，不要无谓地恋战，浪费有限的资源。下面谈一件我经历过的事。

案例（5-7）：有所为有所不为也是一种智慧

那年，有一个行业头部企业的软件实施服务项目。因为我们有十几年成熟的大项目实施经验，客户也对我们抱有很大的希望，公司安排了资深专家去企业进行深入的需求调研。原以为只要加大投入，就能掌握客户产品开发应用的实施方法。我们针对客户具体应用的验证性测试发现该企业的产品批量小，品类多，与我们原先实施过的技术实现方法有所不同。要实施完成此项目，公司需要投入更多的人力和资源，且周期较长。

管理层对形势做了认真研判，认为在规定时间内很难达到客户的要求，即使调用最好的工程技术人员，也会造成周期过长，风险不可控。由于项目前期销售运作的效果不错，销售经理极不情愿就此放弃。管理层向销售经理指出，与其耗费资源做没有把握的事，还不如当下退出，及早止损。

上述案例说明，新行业拓展固然重要，但是当公司的技术能力不能完成既定目标，要敢于承认自己的短板。如果仅仅为了迎合客户的需求一意孤行，结果会更加被动。公司要根据实际情况做出决策，做到有所为有所不为。

在销售项目中，进攻需要勇气，放弃更需要勇气。要有大局观和全局观，一旦意识到公司的能力和资源无法支撑时，早放弃比晚放弃更有意义。

第四节
斩获第五将：高层拜访

高层拜访是目标销售中要斩获的第五将，是解决方案销售中取胜的重要关卡之一，因为客户高层的认可程度会大大影响项目成交的概率。

高层拜访是一种高级销售技巧，市场上有许多销售大咖都愿意结合自己的体验和方法重点讲授，其重要性可见一斑。

一、日常工作中的高层拜访

职场中，我们通常希望通过向上级汇报工作取得信任；遇到棘手的事，会寻求团队协作来实现目标。销售可以在平常的工作中积累高层拜访的经验，以便在关键时刻使用。

下面讲讲我经历过的一件事。

案例（5-8）：老板关注什么？

那年，我刚入职美国C公司，担任中国区一个产品线的销售负责人。年初要向中国区总裁汇报销售规划，我自认为有着十余年此类产品的销售经验，信心满满。尽管如此，还是花了十来个晚上认真做了准备。

汇报时间限15分钟。我用PPT——列举了市场环境分析、客户在软件应用上的关注点、合作伙伴资源和应采用的销售模式等，汇报过程很流畅。没想到在询问环节，总裁突然问我，项目完成的时间节点是怎么考虑的？这方面我确实没有考虑过，回答时闪烁其词，结果时间未到就被请下了台，顿时感到沮丧至极，一晚上没睡着。

对于我来说，能够给中国区总裁汇报的机会非常有限。盲目地以为凭借自己的行业销售经验和业绩，汇报会得到老板的欣赏和信任，却不料忽略了老板的关注点。相比之下，我只想着自己应该怎么做，他更在意执行的结果。

这个无眠之夜，铸成了我在职场上认知的一个飞跃。这个案例告诉我，职场上不能只靠自己的感觉去做事，不能盲目自信。重要的是要知道事情由谁来评判，他更关心什么，需要站在他的立场和角度思考问题，不能一厢情愿。

所以，在工作中销售要经常提醒自己：此次拜访的目标是什么？需要踏的"点"是什么？怎样做才能得到更好的结果？一定要知道谁是行动结果的最终判定者。较真的老板就是"试金石"，好的销售，要敢于接受老板的挑战，找到正确的思路让老板认可，这种历练定会为今后客户高层拜访提供帮助！销售如果连自己的老板都应付不了，同样也无法从容应对客户的高层。

二、销售中的高层拜访

在销售过程中，一方面可以通过对客户高层拜访获得认可，达成共识，使项目向前推进；另一方面也可以通过拜访展示自己、得到信任并获取成功。对于解决方案销售而言，高层拜访要以目标为导向，颗粒度要细，因为解决方案客户的需求边界比产品客户宽泛许多。

（一）学会换位思考

有人说只要学会换位思考，在销售过程中就能取得好的结果，似乎这是一副灵丹妙药。其实，在解决方案销售中，这只是重要环节之一。当你学会换位思考时，还要有应对举措，否则仍会贻误战机。

案例（5-9）：换位思考者脱颖而出

闻名于世的励志成功大师拿破仑·希尔某一年需要聘请一位秘书，于是在几家报刊上刊登了招聘广告，结果应聘者的信件如雪片般飞来。

但这些信件大多如出一辙，第一句话几乎都是这样开头："看到您招聘秘书的广告，希望可以应征到这个职位。我××岁，毕业于某某学校，如果能荣幸被您选中，我一定会兢兢业业地工作。"

希尔对此很失望，正琢磨着是否放弃这样的招聘方式时，有一封信给了他全新的希冀，让他认定秘书非此人莫属。

这封信是这样写的："敬启者：您所刊登的招聘广告，一定会引来成百乃至上千封求职信，而我相信您的工作特别繁忙，根本没有足够的时间来认真阅读。因此，只要您轻轻地拨一下这个电话，我很乐意过来帮助您整理这些信件，以节省您的宝贵时间。您丝毫不必怀疑我的工作能力和质量，因为我已经有十五年的秘书工作经验。"

后来，拿破仑·希尔说："懂得换位思考，真正站在他人的立场看待问题，考虑问题，并能切实帮助他人解决问题，这个世界就是你的。"

在这个案例中，招聘者一定会将应聘者中较优秀的人选出来进行比对，最后确定合适的人选。难道应聘者不知道招聘者是这么想的吗？当然知道，只是大多数应聘者只顾以自我表现的方式去吸引招聘者，却没有从招聘者的视角换位思考。他们带着千篇一律的惯性思维，无法突破固定的套路，当然提交不出一份让招聘者眼前一亮的应聘文件。

真正的换位思考，是站在他人的立场看待和考虑问题，经过协商后做出相应的调整甚至妥协，以求达成共识。

在项目进行到寻求共识的关隘，管理者要求销售换位思考时，他们说会努力了解客户的选择标准；如果管理者追问他怎么做才能迎合客户的选择标准，销售却往往说不清楚。这与上述案例中大多数应聘者相同，只站在自己的立场思考问题，很容易在关键的时刻掉链子。

销售要抢先一步找出与客户达成共识的具体方法，不能仅停留在与客户的口头交流确认中，最好能以文字作为沟通载体相互确认，确保与客户在同一个频道上。通常，咨询公司的销售在掌握客户需求和完成方案介绍后，会将客户的需求和公司能够提供的价值写成项目建议书，提交给客户选型准则中的决策人，并创造机会，有针对性地讲解给决策人听，目标是得到相应的确认，这是解决方案销售应该学习和掌握的方法。

（二）理解决策者的价值取向

人的价值取向是在工作、学习和生活过程中逐渐形成的，会直接影响其工作态度及社会行为。管理心理学把价值取向定义为"在多种工作情景中指导人们行动和决策判断的总体信念"。诺贝尔经济学奖获得者、著名心理学家西蒙认为，决策判断有两种前提：价值前提（从是否值得的主观角度做判断）与事实前提（从是否可能的客观角度做判断）。这两种前提对解决方案销售如何判定客户决策者的价值取向，都有着重要的指导意义。

在解决方案销售场景中，销售会遇到不同的决策者，可以通过与对接人或者与决策者本人交流来了解其价值取向，并找出相应的办法，让寻求共识的结果来得更快些。

下面分享一个相关案例。

案例（5-10）：煮熟的鸭子怎么就飞了？

多年前，一位有经验的销售经理负责某企业的一项重要项目，他与客户选型组织的相关部门沟通得很好，数次技术交流都很顺畅。销售经理安排技术人员帮助客户业务部门解决了一些实际问题，技术能力得到了认可。

到了项目投标阶段，销售经理及工程师协助客户完成了标书中的部分技术方案内容，觉得这个项目不会再有什么问题了。就在这个期间，企业新调入一位副总经理，销售经理适时地到副总经理办公室进行了礼节性拜访，但并没有进行业务方面的沟通和探讨。

评标开始后，尽管该公司项目评标名列前茅，可副总经理却选择了第二名中标。

原来，那位副总经理刚刚履新，项目实施成功对他来说更重要，所以他不仅关注公司提供的方案，更看重公司的实施经验，他曾与评标排第二名的公司有过相应的交流，这便是他做出选择的主要原因。

案例中的这个项目输得非常可惜，销售自己应该反思一下，如果当初他主动去与决策人进行业务方面的沟通，在其并没有明显倾向性时，了解他的价值取向，找到更合适的应对方法介绍自己公司之所长，那结果可能就不一样了。

从价值前提与事实前提来看，这次销售经理输在事实前提上，由于没有认真了解副总经理以前的工作环境和相关经历，忽略了决策人的价值取向，在关键时刻又缺少了一次有效的高层拜访，导致前功尽弃。

三、高层拜访中的得与失

高层拜访，通常是大客户销售能力的一项重要评测项目。

成功的高层拜访会提升项目成交率，但事实上，不是所有销售都能胜任高层拜访这个任务的。这与销售意识和业务能力相关，更取决于销售是否具有好的洞察力，做到以客户为中心。就像销售可以勇敢地开车上高速路，但是否能在单位时间内开到终点，要看销售的座驾是否是一辆性能良好的车。

公司在成长或成熟阶段，技术实力和资源储备都达到了一定程度，销售管理者要身先士卒，引领销售去做高层拜访，帮助销售提升洞察力，保证拜访的效果。当然，在行动之前最好有些场景演练，匆忙上阵可能欲速则不达。

现在我们分几个方面来谈谈。

（一）高层拜访的前期准备

保证高层拜访达到预期效果，通常要关注以下三个方面。

1. 前期铺垫

"水到渠成"在解决方案销售中依然成立，但是一味等待"水到"才按部就班将项目推进，那这个项目就不一定能把控住了。

前面三个关隘中的关键节点，分别是"佐证物料""答疑解惑""挖掘痛点""找到Coach"，这些工作其实都是在为第四关隘中的"高层拜访"做铺垫。如果销售能在这几个关键节点上及时发现问题，解决问题，主动发力，将其作为项目进阶的判定条件，就能够把控销售进程，提升销售效率。换句话说，销售不能按部就班，事前要有所铺垫，有意识并主动斩获关键节点中的"将"。

2. 拜访前的预判

有了好的铺垫，接下来便是对关键人物的关注点进行预判。预判建立在经验基础之上，必要时可以向有经验的人请教。

预判可能会有偏差，但不应该因噎废食。优秀的销售要敢于面对和正视这些问题，积极思考，从实战中积累经验，调整方案继续前行。当然，让预判更加有效的方法是得到 Coach 的指点，争取事半功倍。

3. 应对方案

仅有预判还不够，还要根据预判准备好应对方案。

请看下面一个案例。

⚡ 案例（5-11）：项目推进顺利也不该忽视应对方案

一家在行业赛道上的头部公司 A 的一名销售拜见了某重量级企业的决策人，A 公司的实力和销售的认真态度得到了企业决策人的认可，他表示了与 A 公司合作的意向。

但是，企业 CEO（批准人）觉得需要货比三家，于是 B 公司介入了。B 公司创始人非常重视这个项目，直接向该企业 CEO 汇报，他不谈自己的优势，而是利用专业知识与客户进行场景模拟展示，然后带出解决方案进行讨论，诱发了企业 CEO

的兴致，企业CEO对B公司有了好感。

考虑A公司在同行业的成功案例，企业其他部门对A公司仍有一定的认可度，于是企业CEO同意再次约谈A公司。此时的A公司销售没有危机意识，事先没有做出预判和应对方案，导致约谈效果不理想。企业CEO直言不讳地对A公司说："我问什么你们回答什么，不问你们也不主动说，你们的表达方式真的没有B公司专业。"

鉴于A公司在行业客户市场的占有率远远大于B公司，客户暂时没有与B公司达成合作，继续保持观望态度，但是也不再推进与A公司的合作。A公司的盲目乐观和草率应对，使得项目搁置了下来。

这个案例告知我们，寻求共识需要搞清楚是与谁达成共识。如果批准人出面接手，签订合同的前提就是与批准人达成共识。在项目进展中，A公司获得了与客户CEO（批准人）的见面机会，却没有准备好说服理由和应对方案，导致项目推进受阻。从另外一个角度来看，应该感谢客户CEO，他的坦诚表达会加速A公司销售今后的成长。

（二）高层拜访的分场景应用

1. 一般项目

如果销售负责的项目不是公司的重点项目，不一定要沿用上面提到的高层拜访方法，可以简化，只保留核心要素，同样能在项目推进中取得不错的效果。

2. 重大项目

实力和行业业绩或许可以为公司带来一些机会，但是不能简单地认为自己公司有行业地位，只要完成价值输送，就一定会得到客户高层的认可。事实上，不能捕捉到客户高层的主要关注点，找到合理有效的切入点，并提出让其可接受的解决方案，是很难与客户高层达成共识的。

案例（5-12）：不走寻常路

一家颇有实力的企业要对核心高管做股权激励。起初，他们觉得律师事务所是这方面最权威的机构，先后找了数家律师事务所都不太满意。经人推荐找到了专门做股权激励的A公司。A公司在拜访客户CEO之前，主动了解客户存在的问题，知道他们已对股权激励方案有所了解，然后针对客户的需求做了认真的分析和预判，准备了一套应对方案。

与客户CEO见面后，A公司咨询部负责人并没有急于介绍方案，而是与客户探讨做股权激励可能会出现风险的几个点：（1）核心高管的岗位责任及其考核方式；（2）所处岗位中涉及的核心数据管理和备份；（3）该岗位的替代方案和储备；（4）与核心高管的沟通要点和缓冲方式；（5）根据以上情况的不同股权方案。

以上5点看起来似乎只有第5条与股权激励方案有关，前四条谈到的都是股权激励可能存在的风险点，但这恰恰是打动企业高层的地方，因为之前企业咨询的律所仅告知企业股权激励应该怎样做，却没有说明为什么要这样做，更没有给企业提供可落地执行并能监测调整的整体方案。

客户CEO认同这些风险点，迫切想解决这些问题，A公司咨询部负责人开始认真介绍本公司的服务优势，客户CEO很快接受了这套股权设计方案，项目合作成功。

以上案例说明，重大项目在高层拜访时更要对客户高层的关注点做出预判，切中要害，说到客户决策人心里去；同时还要提出让客户可感知的应对方案，才能与客户达成共识。

案例（5-12）和案例（5-11）告知我们，任何事物都有两面性，高层拜访有利也有弊，如果仓促上阵很可能让你陷入困境，如果有备而来则时常会给你带来意外之喜。

在解决方案销售场景中，大多数决策者会选择第一个与他探究价值并有洞察力的顾问型销售。到了寻求共识的关隘，关键是要与客户选型组织决策人达成共识。这意味着，高层拜访将提升寻求共识的层级。销售必须将高层拜访作为重要的事情来对待，找到一套适合本公司的方法，并付诸实践。

（三）三种高层拜访失利场景

1. 找不到共同话题，浪费对方的时间

客户高层大多是有较深资历和背景的人，首先，他会判断你是不是值得交谈的人，此为防范心理；其次，他要在有限的时间内完成交流，这是对时间的把控。

销售会遇见两种常见情况，一是没有Coach指点，找不到与客户高层互动的话题；二是延续向对接人介绍的方式，不加提炼地重述一遍，会让人觉得肤浅、浪费时间。此刻，如果不能找到消除客户防范心理的方法，证明你是值得交谈的人，这次拜访就失败了。

2. 回答不了客户高层关注的问题

客户高层愿意和你交流，很可能是还有些问题需要澄清。销售要努力听懂客户高层话语中的意思，经过探询确认他关切的问题，并尽快给予回应。

这里需要注意的是，你认为已经回答了客户高层的问题，但没有问询确认，回到公司又不与管理层汇报复盘，随后发现客户高层对你的回答不满意，机会就丢失了。

3. 无法应对客户高层的质疑

客户高层如提出质疑，说明他还没有完全接受你，有可能启动再次评估。如果你有所准备，可以从容应对这些质疑；如果质疑中包括某些承诺是你这个层次的权限达不到的，无以应对，这时客户高层可能是在倒逼你的老板出面，销售须主动询问并确认客户高层的意图。

这里的风险点是，回应的方法不当，有可能会在客户高层心里减分，甚至成为客户不选择你的理由。销售一定要有警觉和判断，如果把握不大，要积极向相关人员求助。

以下是我们经历过的一个面对企业高层质疑的案例。

✎ 案例（5-13）：企业高层在想什么？

有一年，我们介入了一家大型企业的二期软件实施服务项目，技术实施人员已与企业业务部门完成了业务实施方案，项目进入到商务阶段。资深销售经理去做高层拜访，不知什么原因，企业高层直接提出了质疑，并有意提到竞争对手也不错，销售经理的应答不够有力，没有取得预期的结果。

销售经理希望我出面再次拜访。我问他要我做什么，他说出了希望我做的事，我觉得想法不错，同时又提醒他，他与企业业务部门负责人关系不错，后者事实上是他的Coach，难道不打算听听他的意见吗？销售经理理解了我的意思，立即与Coach联系并得到了回应。

企业业务部门负责人帮助我约见了企业高层进行面谈。我简要介绍了公司的发展历史、规模及与该企业数十年交往的历程，企业高层的表情显得不那么严肃了。随后，我主动谈到与竞争对手的对比及优势所在，有意提到企业业务部门也做过这方面的调研并有自己的评价，可以请他们谈谈看法，这时企业业务部门负责人给予我正面的响应。这时，我观察到企业高层的表情终于轻松下来。我顺势而为，与企业高层探讨一期服务的成果和二期项目的延续性，交流变得顺畅了起来，接着我代表公司做了相应的承诺，愉快地结束了此次高层拜访。后来我们成功拿下了该项目。

在以上案例中，这次高层拜访看似波澜不惊，实际上我们事前做了不少功课。首先要肯定这位销售经理的危机意识——初次高层拜访感觉不好，能及时向公司汇报和求助；其次，找到Coach了解高层的价值取向，并且请求他在我们求证事实时予以正面的响应；最后，考虑到"对等原则"（双方级别都足够高，有拍板权），我主动出面并做出承诺，让企业高层放心。

在此案例中，我出访之前对这个项目其实没有绝对把握，因为公司价值没有完全被企业高层认可。如果不能及时做出应对，项目推进风险就会被放大。

当然，这次高层拜访顺利的关键离不开销售经理和技术人员前期的持续铺垫。好的铺垫是解决问题的基础。

上述案例提示我们，销售要有积极的心态，不要认为客户质疑是在为难我们；要了解客户质疑的真正原因，及时找到说服方法并得到回应，推动项目继续前进，这是解决方案销售义不容辞的责任。

第五节
选型准则与判定

一、选型准则

选型准则是指客户选型小组汇总的满足项目需求的指导性

文件，以此作为选择服务商的标准。这是寻求共识关隘中的一个标志性环节。

以下通过我经历过的一件事，来帮助读者理解客户选型准则的概念。

案例（5-14）：购买轿车的选择标准是什么？

十几年前，我要置换一辆中档轿车。第一家车行的美女销售了解了我的价格预算后，说她门店的车非常适合我。第二家车行的销售小哥对我说，他卖的车不仅满足我的预算，而且质量好，性价比高，并举出了实际的案例，我有些举棋不定。第三家车行的销售告知他卖的车不但能满足我的预算，质量上乘，而且在电子功能上还独树一帜。面对三家车行，我出现了选择困难症。

我向一位曾在美国福特公司汽车设计部工作过的朋友求助，他了解了我的诉求和开车习惯后，推荐了某国际知名厂商设计的中档轿车。该车从构思到量产花了六年时间，锁定的目标客户就是中产阶层，符合我的所有诉求；同时还给我提供了选择汽车的三个参考尺度。

轿车综合性能：轿车有三大核心部件——发动机、底盘、变速箱，如果这三大核心部件本身的性能不错，综合适配性才会好，且返修率低。他提醒我这三个产品的适配性需要时间来验证，不一定是新款就好。

汽车使用寿命：发动机六缸的比四缸的稳定性要好。

技术实现条件：电子显示系统等是锦上添花，A厂家今天有，B厂家明天也会有，可多可少，看个人喜好。

听完这番话我茅塞顿开，原来基于轿车三大核心部件承载的综合性能才是我最需要关注的。最后，我选择了一款连续六年名列前茅的六缸发动机汽车，底盘过关，变速箱也不错，后来十年证明我的使用体验也很好。

以上案例与解决方案客户选型的过程十分相近。客户起初会关心产品的具体功能，接着可能会关注产品应用的效果，但到了选型的后期还觉得缺少些什么时，恰巧来了一位资深行业专家对他说，选型应该从这几个维度考虑，让他豁然开朗。这时除了跟随很难再做出别的选择。

在解决方案销售中，从专业角度触动客户未知中的期许，与客户达成共识才是稳定可靠的，这种稳定的共识很容易转化为客户的选型准则。

二、选型准则的判定

有的销售觉得，选型准则是客户选型组织内部的事，自己鞭长莫及，却没有认真去想自己该做什么。但有的销售认为，能参与客户的选型准则，知道的事情可以多一些，赢单的几率就大一些，所以愿意尝试找到适当的方式介入。2001年，职场上流传着一本书《谁动了我的奶酪？》，这是美国作家斯宾塞·约翰逊创作的一个寓言故事，引起了职场上的轰动。此书揭示的道理是，要想过得好，就得冲破思想的束缚并积极行动，犹豫和观望无济于事。

销售职场上以成败论英雄，积极进取才会有所作为，而参与选型准则正是销售应该大胆尝试的事。

下面进行细节方面的探讨。

（一）选型准则的形成

首先，客户选型准则的形成会有一个过程，不是突击完成的，多半是在与服务商后期的交流中陆续整理出来的，少部分会与客户起初立项报告的内容有关。其次，客户制定选型准则的繁简程度与项目大小或经费多少有一定的关联。经费少的项目，选型准则相对简单，通常由决策人来圈定。当项目较大、经费足够多时，会采用公开招标方式，选型准则就会复杂些。

（二）选型准则的判定

在上一章讨论展现价值时，我们着重谈论了客户选型组织中的主线、权重及对应举措。到了寻求共识阶段，需要讨论哪些主线会对客户选型准则产生影响。

这里会出现两种情况：一是客户选型组织的架构没有调整；二是一段时间过后，选型组织主线的权重有所变化。遇到第二种情况时，销售要主动了解该组织的主线上谁的话语权最大，因为这个人多半会主导选型准则。这既是销售的职责，也是一个正常的销售触达行为。倘若询问的话语得当，客户是不会反感的。如果销售到了此刻还含糊不清，说明工作没有做到位，等于自行放弃了触达选型准则的机会。

了解到谁是客户选型准则的主导人，要主动获得他的关注和认可；如果交流中感觉底气不足，就该尽早寻求支援，协调资源。切记，寻求支援时，需要先提出项目推进的想法和行动目标，与帮助你的人切磋并达成共识后再去实施，不可只描述场景等待别人给你出主意，要有"1+1＞2"的意识，避免"1+0＜1"的现象发生。

（三）选型准则中的决策人

面对大项目，许多销售会主攻客户的高层，这种做法对产品销售项目有不错的效果，因为选型准则相对简单，客户高层容易做出判断，但解决方案的项目会有所不同。

多年前，解决方案销售中的决策人相对容易做出判断，因为多数客户高层管理者愿意参与决策。随着客户的成熟度不断提高，客户更关注解决方案服务商能否辅助企业提升创新能力，而这种判断是自下而上的。在这种场景下，客户的高层管理者通常不愿意直接参与决策，反而选择尊重业务部门的想法和诉求，由业务部门对实施结果负责。为了保证项目顺利推进，客户高层管理者（批准人）会确定选型决策人，由他组织选型小组，协调相关部门，对服务商的方案和能力进行验证，经过数次推敲，在客户内部达成共识，形成项目的选型准则。这时，客户选型小组中权重最高的人话语权最大，在某种意义上会是制定选型准则的主导者。

这里还须说明，在某些特定情况下，选型准则不一定是客户选择服务商唯一的决策依据。

第六节
斩获第六将：选型准则

目标销售中要斩获的第六将是选型准则。将此将斩获，通过下一个关隘就会容易许多。

一、正视客户选型准则

（一）选型准则的作用

随着大客户应用能力和成熟度的不断提升，选型准则对项目成败的影响越来越大。一位销售大师曾经说过："采购游戏规则是由客户与第一候选供应商沟通制定的，其他供应商只是围绕着第一候选供应商转，最好的结果也只能是拼价格。"这席话足以让有经验的销售警醒，话中所指的采购游戏规则可以理解为解决方案销售中客户出具的选型准则。现在大项目通常采用招投标的方式，而选型准则通常就是项目招投标的评分依据，包含技术和商务条款。

（二）选型准则离不开业务流程

我所在的公司有40年的发展历史，积累了不少关系和人脉资源，有些销售在跟踪大项目时，会找到董事长动用各种资源与客户高层接触。但是，董事长首先询问销售的是，有没有与客户的业务部门有过实质性的接触。如果没有，他多半会拒绝销售的请求，转而要求销售抓紧与客户业务部门建立联系。原因很简单，销售是来帮助客户解决业务中的问题和提升创新能力的，当客户业务部门没有认可公司的能力和价值时，成功概率不大，即使拿下这个项目实施结果也不见得好。所以，要找到客户项目选型组织中的决策人，了解他在业务应用上的关注点和对项目实施结果的要求，因为这是选型准则的基点。

（三）关注选型决策人的行为

在项目招投标前，由于项目方案并没有开始实施，所以有些认定条款很难在选型准则中写清楚。有过数次项目实施经验的客户选型决策人，愿意将选型准则描述得清楚一些，以便公平公正地筛选出优质服务商。如果你是有实力的服务商，公司的价值在被客户选型组织认可后，还需要主动与客户选型决策人沟通，并且尝试去参与客户的选型准则。现实中，在招标文件没有发出之前，客户选型组织是愿意与有实力的服务商进行接触的，销售要抓住这样的机会。

当项目足够大时，不仅要注意选型决策人与选型准则之

间的关联度，还要判断选型决策人与企业批准人之间的制约
关系。

二、积极参与选型准则

（一）勇敢地做

参与客户选型准则可能有不同的方式。首先，要学会换位
思考，从客户理解和接受的角度提出你的想法；其次，最好提
交一份项目建议书，力争让其中的一部分成为选型准则的条
款。这是一件光明正大的事，可以考虑做还是不做。客户选型
是一个组织，会决定接受还是不接受，所以没有必要彷徨。如
果犹豫或对结果无所谓，也可以不做，静观招标的到来。但是
如果竞争对手先采取行动，通过评标条款来约束你，你可能会
被动和后悔。如案例（5-2）中的场景，当时我们是有条件做
的，但没有做，结果单子丢了。

有人愿意主动出击，有人习惯躺在舒适区静候，这是主动
销售和被动销售的区别。事实上，积极进取的人往往比等待观
望的人收获更多。勇于挑战自己，才能不断积累经验，处理问
题的能力和应变能力才会不断提高。

解决方案销售如同战士，上了战场就要勇往直前。要想持
续打胜仗，就要不断努力地去尝试。就像王健林说的那样，先
给自己定个一亿元的小目标。马云也曾说过，为什么不能有梦
想，万一梦想实现了呢？

1. 加大参与力度

项目进行到寻求共识阶段，客户的认知较前些阶段会有大幅度提升，如果销售继续重复以前的说法，会让客户失望。销售需要根据客户当前的项目选型规则，针对客户的痛点，不断地更新输出公司的价值，包括：提炼出逻辑清晰能让客户接受的服务条款、制作相关技术文档、适时地提交给客户选型组织讨论等，形成有效互动，加深客户对公司价值的理解，进而提升客户选型组织的认可度，这是参与客户选型准则的关键一步。

总之，销售需要积极行动，主动将技术实力和价值放在桌面上，关注选型组织中决策人的回应，获得更多与客户选型组织探讨选型准则的机会，加大选型准则的参与力度。

解决方案销售要向咨询公司的销售顾问学习，不停地组织协调资源，将自己的过去、现在和将来用文字整理出来，通过方案实施的模型和数据，用图形方式展示给客户，并实时提炼和优化，将其沉淀下来成为一项有效的销售工具。

2. 从客户的关注点切入

介入客户的选型准则，不仅要对客户选型决策人有足够的了解，还要找到适当的切入点和找到对的人。

要判断在客户诸多需求和期盼中，哪些是最重要的，哪些是次要的，重点突破，有的放矢。人的资源和精力总是有限的，不必追求面面俱到，但要将重心放在选型组织中决策层面的关注点上。首先，要确定在哪些关键服务项上，能得到客户选型决策人的认可，并明确地表示接受；其次，要掌握竞争对手在项目中的地位、优势和不足，经过比对做出判断。在完成这两项工作后，才能将技术要求和商务条件汇总成文，争取介入客户选型准则。

例如，销售认为项目实施是客户决策层面的关注点，那就要对项目进度的监测、项目质量的把控、项目风险的提示等进行阐述，以示实施方法的有效性。最好能将公司重点项目的实施数据整理出来，让客户认识到你与竞争对手的差异和优势，这是项目的切入点。

（二）怎么去做

1. 直接与决策人互动

在项目的整个推进过程中，销售需要不停地判断自己在销售场景中的地位，并及时调整战略。在项目的前期（建立信任），只要对感觉做评测就可以；在项目中期（锁定需求/展现价值），需要做到与客户的关键人在业务层面有充分的互动；在项目的后期（寻求共识），需要对客户决策者的认可程度做验证。

客户认可程度需要有客户的正向回馈，此时千万不能妄自揣测，要主动询问，以便确定此刻你在项目中的地位。如果能有 Coach 帮助你过滤一遍，客户的认可程度就基本清晰了。

2. 寻求 Coach 的帮助

在展现价值关隘谈到成为 Coach 的条件，其中之一是

Coach认可公司的服务能力，但到了寻求共识关隘，Coach还能保有他原有的认知吗？

以下是你要做的两件事：判断和行动。

（1）判断：了解Coach的态度。

场景一，销售在项目推进的中期找到了Coach，做了不少铺垫，但在关键时点却疏忽了与Coach的互动，此时，Coach的认知还停留在展现价值的关隘上，假如竞争对手在此期间有不错的表现，Coach对你的认可程度会有调整，意味着他不会再主动找你。

场景二，这个项目对你很重要，你会持续地对Coach进行价值输送，让他有所感知，以致在寻求共识的关隘中他会有意地帮助你。这时还需要确定是否找对了人。

（2）行动：勇于对Coach提要求。

此刻销售要率真和执着一些，勇于向Coach讨教。如果不尝试，怎么知道他当下的认可度呢？正确的做法是，拿出推进项目的想法（包含新价值的输出）请他指正，了解他的态度，以便调整行动方式。如果他能提供不错的建议，则事半功倍。

当然，行动前要铺垫场景，酝酿好贴切的话术，坦诚地寻求Coach的帮助，不可鲁莽行事。切忌直白地去恳请他的帮助，这样会让他很为难。

综上，在解决方案销售的进程中，不知道持续地向客户输送价值，就不要指望有人主动出来帮助你。

3. 以价值驱动介入选型准则

价值驱动是指从展现价值出发，引发与客户的充分互动，从而达到共识。有人会觉得价值驱动是务虚的，很难落地，其实销售在认真梳理了一些项目赢单的经历后，会觉得价值驱动是有实际内涵的，可以从以下几点提炼和总结成文案，使之落地。

（1）不可替代的性能价值点。

（2）经过实践验证的实施方法论。

（2）经过实战考验的实施流程和数据。

在寻求共识阶段，销售如果告知我，说公司的实施方法让客户满意时，我会追问："项目实施还没有开始，怎么就做到让客户满意了呢？"他回答说向客户展示了公司的实施服务流程，我会提醒他这不足以证明他的优势，因为竞争对手也可以拟想出类似的流程，甚至可以制作更好看的流程图，使客户难以判断彼此的好坏。这时，销售必须另辟蹊径，以细节取胜，提出具体的想法和路径，让技术实施部门提供具象的可落地文案、方法和相关实施数据，经过提炼后输出，并探测客户决策者的反应，这便是价值驱动的落地方式。

价值驱动的文案可以放在桌面上，让我们有机会获得参与客户选项准则。好的销售不但要会打仗，还要有项目策划能力，需要通过文案来证明，不能仅停留在自己的脑子里。

事实上，能介入选型准则不仅说明服务商的价值已经得到了客户的认可，与客户达成了较高程度的共识，而且在竞争中占据了领先地位。

关于如何撬动价值驱动杠杆介入选型准则，有两种方式供读者参考。

方式一，满足客户的期许。

客户的期许，是指在企业项目实施服务应用中客户想做但还没有想清楚怎样才能做好的事情。

大客户实施服务项目必然存在着货比三家的场面。你和竞争对手各有优势，否则不会进入到同一个招投标环节中。如何才能最后获得客户的青睐？首先要认真判断你与竞争对手的差异；其次要考虑现有的技术储备能给客户带来的价值。最后，根据项目场景，从客户的角度做出分析后，确定取胜的筹码，力争将你的建议纳入选型准则之中。

下面是我经历过的一个案例。

案例（5-15）：客户的期许与选型准则

有一年，我们竞争一个国家重点应用工程二期项目。负责第一期项目实施的竞争对手信誓旦旦要拿下二期项目。我们观望这个项目很久了，董事长认为如果我们的方案能得到客户管理层的认可，就值得一拼。

我们主动联系客户后发现客户对我们很有兴趣。几次沟通后，我们的技术实力得到了客户一定程度的认可，同时客户也很实在地告知了我们竞争对手的实施方法和一期项目的缺憾。经过评测后，我方初步判断竞争对手的实施方法能满足客户的大部分功能需求，但与业务流程关联不紧密，导致工程应用中出现了其他问题。

二期项目涉及客户的几个业务部门，在进行需求调研后，我们提出了以客户业务流程驱动的实施建议方案，依据是客户二期项目需要做的是设计业务平台而不是信息化工程。方案经过数次论证后得到了客户主要业务部门的认可，获得了业务决策人的期许，其中提升客户业务应用协同能力的方法引起了客户管理层的重视。

为了将客户的认可转换为与客户决策层面的共识，我们将提炼和梳理的实施方法整理成文，以此为沟通载体，与客户选型组织和决策人进行了多次探讨和沟通，文本几经更新后，双方达成了共识，部分内容体现在了客户的选型准则条目中。

最后在激烈的竞争中我们中标了。取胜的原因是，我们紧紧抓住了客户决策层的关注点，有的放矢，将客户认可的一些关键应用方法及时转换为选型准则的内容。

当项目进入寻求共识的阶段，竞争场面会变得清晰明了。面对强大的竞争，不必与竞争对手在能力上直接比拼，而是要从客户应用的角度出发，找到客户需求中的期许，以价值驱动来赢得胜利。

在上面这个案例中，我们取胜基于以下几点：（1）确定价值输出的着力点。客户的需求是协同平台数字化工程的方案和实施，这既是客户的核心关注点，也是销售价值传递的突破点。（2）找到说服客户的方式。我们面临的挑战是，客户认定价值需要一个过程，在项目没有实施的情况下，不可能全盘接受公司的价值。这时，我们从客户视角出发，提出以客户业务流程驱动的实施方式，通过项目实施场景及实施数据向客户传递实施方法的有效性，引起客户的互动和参与，让客户逐渐感知到这种实施方法比第一期的做法更值得期许。（3）完成价值的输出，从与客户的多次交流中提炼出公司的价值点，以此来验证客户接受的程度，从而达成共识，并将其纳入客户的选型准则中，完成临门一脚。

方式二，将实际体验提升至预期体验。

实际体验，是指客户经过选型调研，对自己和服务商实施能力的真实感受；预期体验，是指客户对项目实施效果的一种憧憬，是尚未得到验证的构思。

下面是我们公司的一个案例。

案例（5-16）：激活客户预期体验，让客户修改选型准则

有一次，我们中途接手了一个项目，发现客户不仅要求高，而且写出了近百个项目实施中的技术条件作为选型准则。经过内部技术专家讨论，我们认为以上条件多是实现功能的验证点，缺少业务流程模型中各相关部分关联度的考虑。

于是，我们直接与客户决策人交流。（1）先列举了我们公司最近实施的几个行业重点项目案例，提供真实场景和实施数据，以及项目验收后用户高层的感受；（2）提出这些项目之

所以成功，是将需求搭建在基于业务流程的整体模型中，并分项实施；（3）强调业务流程梳理的环节非常关键。希望通过这些案例带给客户一些预期体验。

此时项目即将招投标，如果客户要重建选型标准，招投标至少会延迟三个月，在这种场景下，客户通常会拂袖而去。然而意想不到的事发生了，客户接受了我们的建议，愿意在我们的帮助下重新梳理业务流程。经过几个月的交流和沟通，最终选择与我们合作。

上述案例说明，成熟度高的客户愿意接受挑战。销售通过真实成功案例的分享，可以激活客户的预期体验，影响他们的决策，从而愿意把机会提供给帮助他们更好地实现目标的服务商。

综上，大客户项目的成败与否，取决于销售能呈现的价值大小，以及能否与客户达成共识。换句话说，选型准则展现价值驱动的效力，也是目标销售进程中要斩获的第六将。如果想成为一个行业顶尖的解决方案销售，需要换位思考，提高洞察力，勇于说"不"，因为只有价值驱动才能让你走得更远。

本章小结

寻求共识是目标销售中的攻坚战，也是占本书篇幅最多的一章。本章的核心观点是：重要项目的输赢，多数取决于展现的价值在客户选型标准判定中的占比。

　　本章共分为六个部分：进程把控、战前布局、招标准备、高层拜访、选型标准判定和选型准则。进程把控：不要等到项目出现问题，再想办法去补救；战前布局：要提前预判，做好应对；招标准备：强调有的放矢，主动出击；高层拜访：保持行进在正确的道路上以提高胜率；选型标准判定：对项目推进效果的好坏进行监测；选型准则：要求以价值驱动的方式与客户达成共识。

　　本章中的高层拜访和选型准则，既是目标销售要斩获的第五将和第六将，也是项目向前推进的关键节点，亦可称为销售项目的胜负手。

招投标的策略
与执行

招投标的方式
竞标策略
投标进程和标书制作

合作双赢的
谈判方式

合作双赢
商务谈判的准备与执行

合同条款

商务条款
技术条款
实施条款
常见问题及其处理

获得承诺是目标销售整体进程中的第五关隘。在此关隘中，客户旅程是启动决策，牵手一个值得信赖的服务商；我们的目标是，为客户提供具有创新能力的服务，得到认可后成功签单。此为目标销售的第五关（见下图）。

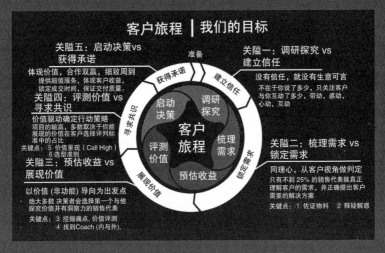

目标销售进程图之第五关隘：获得承诺

所谓获得承诺，是指销售与客户之间的双向承诺，这种承诺最终体现为双方签订的商务合同。销售要借助前几个阶段的努力和积累，依赖与客户达成的共识，找出客户的期望和解决方案之间的平衡点，实现合作双赢的目标。

本章主要包含竞标过程、合作双赢、合同签约、实施部署等几个环节，这些是销售非常熟悉的签约过程，也是项目是否成交的最后一役，细节决定成败。

第一节
招投标的策略与执行

绝大多数解决方案项目都采用公开招标，但若是看到了招标项目通告才去购买标书，这个项目多半与你无关了。道理很简单，仅从投标文件中了解客户需求，所提供的解决方案，客户通常难以接受。当然，招标有时会采用最低价格中标法，虽然准备不足，服务商也有机会利用投标规则低价中标，但大多会在实施中顾此失彼，导致成本越来越高，两败俱伤。所以解决方案项目投标是一件严肃的事，没有持续的铺垫和认真的准备，很难取得最后的成功。

一、招投标的方式

现行的招标采购规则大多参照《中华人民共和国招标投标法》《中华人民共和国政府采购法》中的相关规范和要求。企业可以自行组织招标采购，也可以委托代理机构进行。

（一）招投标中的采购方式

每个销售都经历过不少招投标项目，应该多花费一些时间了解其中的相关规则，做到知己知彼，从而使得自己招投标、制定和执行竞标策略更顺利。

目前国内央企的招标采购活动，主要有公开招标和非公开招标两大类方式。公开招标是主流，在特定情况下（金额较小或项目性质复杂）也会采用非公开招标。国内其他类型的企业也多会沿用以上招标方式。

（二）招投标采购中的评分方法

公开招标有两种评分方式，分别是最低价评分法和综合评分法。

1. 最低价评分法

对于采购大众化或标准化程度很高的产品（例如货物、通用软件类等），企业通常采用最低价评分法。其采购方式一般是公开招标和竞争性谈判，以最低价中标/成交，方式相对简单。

2. 综合评分法

以解决方案为主导的采购项目，由于技术含量较高，且服务在项目实施中占比较高，企业通常采用综合评分法。其采购方式多是公开招标、竞争性磋商，在少数情况下也可以采用单一来源方式。

综合评分法通常分为价格、技术与商务三大要素。少数情况下也可分为价格、技术、商务与服务四大要素。其权重占比可以反映出企业的采购思路和策略。

二、竞标策略

销售的竞标策略是针对企业的采购方式、评标方法和评分要素权重占比，进行全面分析与甄别，制定出相应的措施与办法，进行投标或响应。

解决方案销售通常会根据招标采购的评分法来制定竞标策略。在现实中，销售大多知道招标采购中的招标公司采用的是哪种评分方法，但不会去深究评分方法的细则是怎么制定的、由谁主导制定的，而这些点恰恰是确定竞标策略的一项重要依据。

综合评分法通常由四方面的分值组成：价格、技术、商务和服务。

（一）投标价格策略

作为销售，要了解项目进程的时间节点，特别要关注此刻客户的倾向性，了解客户在意的是公司的产品功能，还是认可公司的综合服务价值。如果客户只关注产品功能，招标中价格便是最敏感的一环。

（二）投标技术策略

如果客户的关注点是公司的服务价值，销售则要仰仗团队协作，并在前两个阶段开始铺垫，逐步向客户输送相关价值。

进入投标阶段后，由于销售是公司中对客户了解最全面的人，因此要成为制定销售策略的主导者，提出主攻的方向，在技术部门的协助下将客户的关注点和公司的价值相结合，不能坐等技术部门单方面提供技术资料，制作投标文件。

（三）投标商务策略

在招标中，商务部分对项目输赢的影响没有价格和技术方面大，这时销售的注意力要放在招标公司对资质的要求上面，这是投标的门槛。这一点客户在项目中期就会有盘算，销售应该及早掌握。

（四）投标服务策略

当公司的服务能力有独到之处并得到客户选型组织的信赖时，销售要抓住机会主动向客户宣讲实施服务是项目成功的关键一环，并通过积极运作将实施服务作为综合评分表中的一项独立评分要素，以此增加该项在评标中的分值。

三、投标进程和标书制作

不少公司是在购买标书后才进行标书制作，多半原因是销售跟踪的项目繁多。一旦标书采购日与开标日接近、投标项内容繁多，销售与公司的相关人员只能连夜加班，忙得不亦乐乎，这种紧张状态往往导致投标文件出现纰漏，极端的情况下还会导致项目丢失，参见案例（5-4）"板子该打在谁身上？"。减少诸类问题的方法之一，就是要对投标进程进行时间把控。

（一）投标进程

是否参与项目招投标，不是在招标文件公示后才决定，而是在客户立项的过程中已经确定。较好的方式是，在客户招标文件拟定过程中，销售便开始组织撰写投标文件，等买到标书后，再根据投标文件要求完善其内容和细节。

1. 确定责任人

20年前，我参加C公司的开工会议，该公司中国区总裁讲了一个让人深思的故事。

案例（6-1）：勇士与黑熊

地主的农庄被一只黑熊糟蹋得不像样，于是地主悬赏活捉这只黑熊。几天后，有一位勇士站了出来。地主十分高兴，但勇士提出需要配备一位助手。于是，地主为勇士选择了本地区最强壮的猎手做助手，第二天两人便一同进山了。

勇士和助手在黑熊经常出没的地方盖了一座结实的小屋，助手问勇士要做什么，他微笑不语。经过几日侦察后，勇士心中有了主意。一天，他要求助手爬上距小屋不远的大树上，后者不解其意。不久，勇士将这只黑熊引诱了出来，绕小屋旋转，当黑熊转得晕头转向时，被勇士诱骗进了小屋。勇士从后窗跳出，将黑熊反锁在屋里，黑熊终于被活捉了！

接下来的事让助手匪夷所思。勇士对他说："活捉黑熊是我们两个人的事情，我的任务完成了，你的任务就是将黑熊带下山。"说完，头也不回地下山了。他对地主说："黑熊我已经活捉了，后边的事该助手处理了，请付赏钱吧。"

这时，助手也跑下山来，当着地主的面和勇士吵了起来，说："活捉黑熊是你承诺的事，我是被派来辅助你的，现在你却将活捉黑熊的任务交给我，自己去领赏，未免太过分了！"勇士说："你既然是助手，这件事当然有你的份。另外，活捉黑熊的任务我确实完成了。"两人在激烈的争吵中相互厮打起来，地主也被搞晕了，不知该指责谁，三个人吵来吵去，乱作一团。

这个故事讨论的是关于团队协作的事。案例表明，问题的症结在于行动前没有明确分工和责任归属，导致问题出现后相互扯皮。所以，只要是团队作战，就要分工明确，责任到人。

回到销售的投标环节，怎样才能避免出现内耗？首先，在指派任务时一定要对应具体的人，同时列出所需资源和完成时间；其次，标明各个协作方的分工和责任，这样做，如果出了问题，板子可以直接打到责任人身上。每个公司都有投标流程，但不少公司还是会在投标环节出现低级错误，其主要原因就是任务没有落实到单一责任人身上。一旦出了问题，流程便成了摆设。

投标需要公司的协同作战，拥有团队精神应是销售的基本素质。事实上，一个勇于担当的销售自然会获得公司更多的资源。如果销售在执行共同目标的进程中，不顾及他人的感受，缺乏团队合作意识，以后愿意帮助自己的人就会越来越少。

2. 明确责任分工

投标进程把控既是销售的事，也是公司其他参与成员的事，必须上上下下齐心协力，各尽其职。最好在投标前拟定一份任务书，细分项目内容并指派责任人，保证投标进程层层把关。具体做法是：在拿到招标文件之后，由负责该项目的销售熟读标书文件，然后将投标文件的内容拆分成不同的任务项，指定每项任务的单一责任人，提出任务要求，限定截止时间，将其制作成可执行的文件发给参与投标的相关人员，并要求每位责任人确认，同时抄送给销售管理者。一旦出现问题，直接向责任人问责。

（二）标书制作

销售投标文件制作得不够精细，在行业中似乎见怪不怪。一个成熟的解决方案服务商，一年总会有几十次项目投标，通常这些投标文件分散在不同的销售手里，很少被集中归纳起来。尽管商务部门会保留投标文件，然而由于时效性原因，过去的投标文件对新项目的标书撰写帮助有限。我在互联网服务企业任营销顾问的公司，虽然投标机会不太多，但他们比较重视文档的整理工作，专门设有一个销售运营岗位，负责梳理规范文档并及时归档，定期迭代升级，并称这类工作为"基建"。当遇到高端客户时，通过提取"基建"库的内容，适时地整理出厚重、精致的投标文档，让高端客户有好的体验。

标书的制作代表着公司的门面，应该讲究一些，这些需要通过日常积累来完成。一家做运维软件服务的合作伙伴给我讲述了如下案例。

案例（6-2）：逻辑缜密的标书帮助公司赢得商机

有家公司的主要业务是给境外企业做软件外包。公司在软件交付的文档制作方面很下功夫，日积月累积攒下来很多很好的模板。

有一年，在一个投标项目中，由于客户邀标文件的技术条款写得不够清楚，评审专家觉得竞标的服务商在技术方面不相上下，但由于上述这家公司的招标文档制作模板切题，结构合理，逻辑清晰，制作精细，让客户所有关心的问题一目了然，给评审专家留下很好的印象。最后经外聘专家和内部专家投票表决，该公司顺利成为中标方。

这个案例是多年前发生的事情了，而标书中显示出的缜密逻辑和认真态度并非一日之功。给我们的启示是，把一件简单的事尽量做到完美，常常会得到意外的收获。传统的解决方案销售服务商，也可以学习和借鉴互联网服务企业的"基建"方式，这项工作看起来有些繁琐和费时，但是此时的"慢"，会成就关键时刻的"快"。

第二节
合作双赢的谈判方式

一、合作双赢

解决方案销售是一种长线销售行为，销售要与客户长期保持关系，相伴而行，如果把谈判的目标设定为合作双赢，谈判策略就会清晰起来，更便于执行。

以下是我经历过的一个案例。

案例（6-3）：如何实现与客户双赢？

一家大型企业客户希望购买我们的一项工业软件实施服务。企业财务部门提出按照通用软件人天收费标准支付，我们的意见是专项软件服务应按服务内容收费，双方产生了较大的分歧。

在接下来的谈判中，我们诚恳地向企业陈述了我们的想法和难处：（1）强调不是所有服务公司都能承担这项服务，但我们有信心、有能力按时完成；（2）提出诉求，只有调用公司最好的资源才能满足企业要求的服务内容，这势必会影响我们其他项目的推进，请企业认真考虑我们的服务实施成本，在结算标准上做出调整，同时我们也找到企业财务部门的上级领导进行了直接沟通。

几轮沟通后双方终于达成共识，找到了一种新的成本核算标准，实现了合作双赢。

当你的公司的价值得到了客户认可，在谈判时出现价格分歧时，要找到关键的人适时地提出自己的诉求，只要合情合理，客户多半会考虑接受。同时销售应该主动提出破解僵局的方式以求形成共识，这也是解决方案销售应该具备的一种能力。

下面讨论合作双赢的几个方面，参见图6-1。

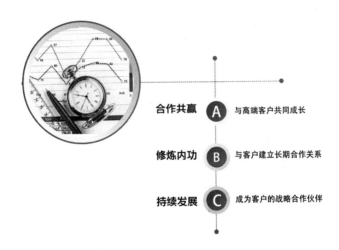

合作共赢 Ⓐ 与高端客户共同成长

修炼内功 Ⓑ 与客户建立长期合作关系

持续发展 Ⓒ 成为客户的战略合作伙伴

图6-1 建立合作双赢的几个方面

（一）与高端客户共同成长

解决方案服务商一般会有自己的长期发展规划，以保持足够的行业竞争力。这种竞争力在很大程度上是由行业高端客户来评定的，所以要拥有一定数量的高端客户并持续保持合作。

我经常告诉销售，与高端客户的合作机会难得，他们是我们成长的催化剂。我们在帮助他们解决问题、提供好的服务的同时，也接受着挑战，从他们那里学习到许多不一样的东西并得到能力的提升，甚至完成自我超越。因此，共同成长是我们的一种价值理念。

许多销售遇到高端客户免不了有些紧张和兴奋，同时也会担心项目把控不好。销售要谨慎评估三个环节，一是公司要有很强的方案设计能力和完成同类应用项目的经验，此为赢得项目的基本条件；二是要评估拿下的项目实施后是否能通过最终验收，这与公司实施能力和资源调配有关；三是项目实施完成后能否为甲方提供附加值，并做出判断。以上三点既与公司相关，也与客户的层级相关。

以下聊聊我经历过的一个项目。

案例（6-4）：与高端研究所合作我们得到了什么？

多年前，一家在国内数字化应用领域居翘首地位的研究所，需要找一家有实力的服务商参与二期数字化应用项目的竞标，并与一期服务商分工合作。

在两轮技术交流后我们公司入围了，研究所技术专家认可我们的技术和实施能力，并透露了第一期服务商的某些不足。公司的技术顾问提醒我，服务模块有难有易，二期项目的某些模块我们有成功经验，能快速实施并按时完成验收。受公司技术顾问的影响，我找到了研究所的分管领导，希望他把这些模块分给我们实施。他劝诫我说："你们的技术人员太留恋舒适区了，应该让他们接受挑战，充分展现实力，才能在我们这里站住脚。"我深以为然。在竞争性谈判中，我主动提出要承接那些有难度的服务模块，同时也提出对有难度的服务模块增加实施费用的要求。

在项目实施过程中，研究所业务专家在业务流程梳理和落地手段方面给了我们很多指导和帮助，双方集体攻关，有效提升了我方实施人员的工程专业水准。后来项目如期验收并获得好评。我们两位资深的实施工程师分别跟我说，通过与行业顶尖的数字化工程应用研究所合作，他们探索出了一些更有效的工程实施方法，受益匪浅。

随后几年在该研究所的同类服务项目竞标中，我们公司成为首选。

几年后，我去回访，研究所当时的项目负责人真诚地对我说："上一期贵公司为我们定制的服务模块，至今还在使用，帮助我们在机电工程应用中提高了效率。"我内心顿时涌起一股暖流。

接下来分析一下上述案例中的场景。当时，我是有机会拿下较容易完成的服务模块的，但那位分管领导的话让我领悟到，知难而上，迎接挑战，才能相互成长，让公司走得更远。

直到现在，我依然非常感激这位领导的提醒。事实上，研究所专家在专业上的指导，带给实施工程师不一样的感知，帮助他们尽快成长并激发出他们的潜能，提升了公司的实施能力，从而得到了高端客户的认可。这便是与高端客户共同成长、合作共赢的典型案例。

后来，我把与高端客户共同成长作为公司的价值理念，写进PPT中。当我有机会向客户汇报时，经常会带出这个案例，多半会引发他们的共鸣。

（二）与客户建立长期合作关系

与客户建立长期合作关系不是一厢情愿的事，而是需要双方的努力。如果你不主动表现出这种愿望和姿态，甲方当然不会主动应承；即使你主动提出这一愿望，甲方还会考虑，你值不值得成为他们长期的合作伙伴。

案例（6-5）：足够专注，持续对客户服务

一家互联网咨询服务公司（简称A公司）在研究了所属行业的市场发展趋势后，提出了一站式服务的理念，期望用这种方式与重点客户建立长期的合作关系。

一次，A公司创始人去拜见重点客户的CEO，谈到一站式服务的理念，客户CEO直接提出质疑，认为他要保证公司先活下来，才可能提供这样的服务。A公司创始人很有信心地回答道："我们的目标客户有几万家，提供的服务都是这些企业的

刚性需求，这个赛道很窄，只要足够专注并将服务项努力做到最好，便能得到大客户的信任和尊重，这也是公司的生存之本。事实上，近三年来我们已经成为这个赛道的头部企业。这是近年内我们服务过的大客户高管的联系方式，您可以与他们联系，听听他们的感受。"

之前，客户 CEO 曾经见过同赛道的另一家公司，但那家公司并没有让他觉得信赖。而 A 公司创始人的说法，不仅阐明了公司的价值取向和信心，而且主动提供了大客户信息，欢迎对方咨询核实，多少打消了客户的顾虑。随后客户 CEO 提出了一些问题，也得到了 A 公司较好的应答。通过比较后，客户认可了 A 公司现有的服务能力，双方确定了合作关系。

这个项目成交一年后，客户确确实实感受到了一站式服务的好处，不但增购了 A 公司的服务产品，而且还主动把 A 公司推荐给同行业的几位朋友。

上述案例表明，服务商要有自信，充分展示已有的实力，才能让客户信服。通常客户愿意与成熟的服务商建立合作关系，因为这类服务商经受过时间的历练和成败的洗礼。

（三）成为客户的战略合作伙伴

战略合作伙伴关系是一种基于高度信任，共享竞争优势和利益的长期性、战略性的合作关系。以下是我们公司的一个案例。

案例（6-6）：客户提出与我们签订战略合作协议

前两年，一家客户有一项重要的攻关项目希望我们参与。在与客户多次沟通后，我们发现这个项目的业务流程非常复杂，要从系统工程角度去构思。我们公司虽然在数字化工程方面耕耘了数十载，但对系统工程方面的经验还不够深，于是我们调用了国内外相关的资源，加上我们的技术储备和实施经验，与客户共同搭建了基于客户业务流程的模型。通过这个模型，不仅让我们对客户的业务流程更加理解，还让客户也看到了可预期的实施效果。

与客户合作一年后，我们基本实现了客户统一数据源，实现了数字化、可视化管理的要求。项目之所以成功，是基于一项业务流程引领的项目实施方法。

这个项目我们是亏本运行的，但客户看到了我们的专业能力和主动担当的精神，主动提出与我们签署一项长期战略合作协议，以此来补偿前期实施费用上的缺口。

与客户建立战略伙伴关系，起初可能只是双方的一种意愿，甲方希望乙方提供更优质的服务和更优惠的价格；乙方希望为甲方提供持续服务时不会被恶意竞价的对手侵蚀。双方通过真诚的合作，有了信任关系，黏度自然就会提升，逐渐上升到共享竞争优势和利益的高度，这便是战略合作的意义。

以上是我理解合作双赢的三个方面，它们是我们商务谈判时的指导思想。当然在许多场景下还会有不同的合作双赢模式。

二、商务谈判的准备与执行

商务谈判通常是指在项目技术完成条件确定下来后的谈判。谈判的主要内容是服务内容价格清单、付款条件、实施交付时间和违约条款等。商务谈判结束后会形成合同的正本，但合同中的价格附件、技术附件及其他附件，亦有同等法律效力。

在销售的过程中，当技术条件没有完全确定时，客户要求销售报出最后的价格，这只能视为价格讨论，并不能被称为商务谈判。

能进入商务谈判阶段，是客户对我们的一种认可。怎么才能巩固前一段的成果，确保自己成为客户法律层面上的合作伙伴呢？要把握以下三点，即谈判的基本原则、谈判前的准备和谈判进程的把控。

（一）谈判的基本原则

1. 平等互利原则

平等互利是商务谈判中最基本的原则。它意味着谈判双方有相同的法律地位，体现了双方平等的权利和义务，代表了双方的利益。谈判是为了解决问题与他方进行的磋商，目的在于寻求一种双赢，双方都应该在平等的基础上做出一定程度的妥协以求互利互惠，而不是一方赢、一方输的零和博弈。

2. 灵活变通原则

任何谈判都是一个不断思考、交换意见和彼此让步的过程。在把握利益目标的基础上，只要不放弃基本原则，可以考虑采用多种途径、多种方法，灵活多样地处理各种事项，有进有退。例如，将培训或者实施的天数折成金额列入谈判价格清单中，在保证一定价格的条件下赠送一些服务内容和实施天数来折抵价格等，最终确保谈判协议得以签署。

（二）谈判前的准备

一路披荆斩棘走到项目合同的谈判实属不易，但这只是阶段性的胜利，能在商务谈判中达成一致，才算获得成功。在商务谈判中，如果销售想赢怕输，可能会在客户面前不敢据理力争，一味地让步，最后被价格压得喘不过气来；如果销售过于坚持，或者犹豫不决，却又说不出与客户交换利益的理由，谈判很可能会停滞下来。出现以上的僵持局面，说明销售并没有做好谈判准备。这时要格外小心，防止意外情况出现，这是在竞争性谈判中经常发生的事情。

商务谈判可以从下面两点考虑准备工作。

1. 谈判对象的角色及其应对

确认与你谈判的人的角色，是对接人还是决策人，权限是什么，可能会说什么，对此做出分析后，准备应对话术。

2. 指导思想及让步的交换条件

谈判的指导思想即谈判策略。既然是合作双赢模式，谈判开始前要主动向客户说清楚你方在技术和项目实施方面的独特价值，以及这些价值能给客户带来的收益，情真意切地向客户表述价格居高不下的原因，取得客户谅解。也可以根据场景整理出相应的文稿，适时交给对方谈判小组浏览，以加深客户的印象。同时，要想好谈判让步的交换条件并设置最后的底线。

以上方法可以称为谈判策略的执行。一个优秀的销售应该有能力灵活地运用谈判策略，在通过数次实战演练后，逐渐拿捏好一种双方都能接受的尺度，保持谈判的平稳运行。如果销售心里没有底，最好在谈判前做些模拟场景演练，以便在实战中驾轻就熟地去使用。

（三）谈判进程的把控

在进入竞争性商务合同的价格谈判之前，即使有经验的销售也不敢说有百分之百的胜算，这时要注重对谈判进程的把控，做好预判和应对方案。

通常可以从谈判对象、价格谈判说服理由、谈判结束时间等几方面着手考虑。

1. 谈判对象

如果谈判对象是对接人，那多半还会有一轮谈判，因为对接人通常不是最后能决定合同文本的决策人。这时不能放出底价，还要将最终优惠条件放到下一轮谈判，留给客户的最终拍板人。

案例（6-7）：项目为什么降阶了？

一家解决方案服务商的项目按照销售进程状态（按进度的百分比），采用进降阶的方式进行管理，每个项目状态在CRM系统内停留不能超过约定时间，否则会自动降阶。

一位销售经过努力，将项目推进到商务阶段（80%），开始与客户总监谈判，并判断他是项目决策人。经过艰苦的谈判后，总监告知他，可以回去准备合作协议了。销售认为商务谈判已经结束了，于是兴高采烈地将项目的状态在CRM系统中进阶了一档（90%）。

一周后，项目超过了约定时间，在CRM系统中自动降阶，销售开始紧张起来，立马向客户总监打听，原来是客户的CEO在项目审核中提出了异议，而这位总监因为忙着别的事也没有去追问，导致了时间延迟。

销售恳请客户总监尽快协调与CEO见面的时间，重新启动与CEO的谈判，最终达成新的共识，签订了协议。

从以上案例分析，由于销售对谈判对象的角色扮演判定不清，没有及时追问，让项目停滞了下来。万一在这个期间竞争对手找到了客户CEO，而销售所在的公司的价值并没有达到不可替代的程度，这个项目是谁的就不好说了。

项目虽然签约了，但由于销售的误判，多花费了时间，还增大了项目的推进成本。所以，在商务合同谈判中，不找出拍板人敲定最后结果，就不要停下脚步。

2. 价格谈判说服理由

在商务谈判中，价格谈判往往是最敏感的，客户希望价格越低越好，服务商希望有足够的收入来保障项目实施，这是双方利益的直接碰撞，协调难度不小。

下面是我经历过的一个案例。

案例（6-8）：我没有接受客户降价的要求呀！

A公司经推荐接触了一家行业头部企业，经过数次交流后，进入商务谈判。

A公司的销售与企业的对接人谈价格，价格把控得还不错，销售请对接人带她去见企业CEO。企业CEO提出了一个具体但超出销售权限的折扣比例，销售温和地回答说："这个价格公司给不了呀，可能我需要回去请示一下老板。"企业CEO口气比较强硬地说："我们这么快就决定买你们的服务了，请你们认真考虑我们的要求！"

回到公司，高管问销售："你有没有向企业CEO解释价格降不下来的原因？"她回答说："我并没有接受这个价格，只说要回去向老板请示。"高管接着问："你有没有强调这个价格让你很为难呢？"她回答道："没有，但我说过我的权限不够。"高管对这种所答非所问的话很不满意，直接指出："在与CEO的最后谈判中，你既不解释报价高的原因，也不提出协商的办法，这是你的失职。"

分析以上案例，销售认为她在坚守公司的价格底线，并没有答应客户的降价要求，所以没有犯错误。在管理者眼中，虽认可销售坚持原则的韧性，但认为销售的任务是在规定的时间内签约。进入项目谈判后，找不到说服客户的理由，也提不出一种协商的办法，一味躲避退让，这还能算是商务谈判吗？

有些销售不能理解商务谈判的任务是什么，商务谈判用一句白话来表述就是：你说你的道理，我讲我的理由，双方经过争论相互妥协，协商后达成一致。当然，谈判的进程会有反复，在多数情况下，销售要保持这个进程持续，直到最终结束。

能进入谈判阶段，说明双方有了较强的合作意愿。这时销售不仅要让价格谈判持续下去，还要勇于提出诉求，把项目实施中的难点说清楚，让客户更多地了解报价的缘由。否则到了项目实施阶段，双方再产生分歧，会直接影响项目的交付时间和质量，这是合作双方都不愿意见到的事情。

商务谈判的能力是逐渐积累形成的，销售要积极地向有经验的人讨教，在实践中反复推演增长才干，在合作共赢的基础上完成商务谈判。

3. 谈判结束时间

谈判时间节点是需要把控的。如果客户的最终拍板人不露面，销售就不得不继续为下一轮谈判做准备；如果拍板人出现了，销售准备得不够充分而无法应对，又会让谈判陷入僵局。这两种情况都会延缓合同签约。许多销售认为项目推进到了谈判阶段，客户就不可能再有别的选择了，思想上开始有所放松，这些都是非常危险的。销售应该知道临门一脚的重要性，在项目推进到成交的关键一刻，更需要对进程进行把控。

谈判中客户即使提出了苛刻的要求，也还是希望出牌后销售要有回应，更喜欢与积极进取的销售交手。如果销售此刻能提出一种合乎情理的方案与客户协商，反而可能得到客户的尊重。所以销售在谈判中要积极主动，当断立断。

下面是我经历过的一件事。

案例（6-9）：当断不断，必受其乱

在外企公司做销售的头两年，我主理一个项目的谈判。企业决策人提出的价格折扣超出了我的权限，谈判陷入了僵局，他准备起身离席。这时我有些紧张，请他等等，容我再想想办法。鉴于前期良好的铺垫，他没有直接拒绝我的请求。随后，我率先做出让步，提出了一项双方都可以接受的交换条件，经过磋商达成一致，项目当下拍板成交。

合同签订后，我惴惴不安地向老板报告，原以为会受到老板的指责，没想到他肯定了我的做法。老板说，谈判的时点很重要，当客户拍板人出面，你要主动提出交换条件，据理力争，在规定的时间内完成谈判，以防不测。

事后了解到，这个企业决策人同时也在接触另一家颇有实力的竞争对手，如果我当时不能主动地表达诚意，他可能会去找竞争对手，丢单的可能性极大。

这个案例提醒我们，在竞争性的谈判中，面对客户的拍板人，要提前准备好交换条件，灵活变通，当断立断，成交为上，防止因为谈判进程的拖延而出现任何意外。

最后再梳理一下谈判的策略和执行。

项目进入商务谈判，时常会出现客户在价格方面咄咄逼人的场景，这时销售要稳住心态，不能自乱阵脚。如果在关键问题上发生分歧，可以采用迂回战术，比如在交付时间和技术专家派遣等细节的沟通中，重新阐述我们的成本和投入，以此作为谈判的交换条件。如项目金额较大，需要先做好价格测算并记录在笔记本上，循序渐进地讲出你的道理，取得客户的理解，防止谈判陷入僵局。

第三节
合同条款

商务谈判结束后进入合同签订阶段，双方将达成的约定写入商务合同。在解决方案项目的合同签订中要注意以下几方面内容：一是商务条款，主要有服务项价格清单、付款方式等；二是技术条款，主要是方案落地的节点、任务内容和验收条件等；三是实施条款、交付节点和终极验收条款等；四是实施流程、实施进度等。

一、商务条款

（一）产品及服务项清单

本条款略。

（二）付款方式

这是商务条款中最重要的一项。我刚刚进入工业软件销售行列时，销售中的产品和实施服务是分割不开的，客户要求分期付款会让我很难处理。起初，我在谈判中跟着感觉走，走一步算一步，经常被上司质问，客户不满意，自己也很郁闷。一家竞争对手的销售给我介绍了他们老板在谈价格和付款方式时的思路，让我耳目一新。

（1）守住价格。如果发现价格守不住，转身先谈付款方式，以全款为主。

（2）分期付款。首付款金额越大越好，并以付款方式作为价格谈判让步的筹码。

（3）交付期限。客户没有提出明确的实施交付期限，就以我们的排期为主；客户对实施交付时间有明确要求，就以此作为付款谈判的交换条件。

（4）以时间换价格。如果以上三项都谈得不好，就想方设法让客户承诺在最短的时间内签约。

这是一种行之有效的价格谈判策略，其目标是将现金尽快回笼。解决方案服务项目周期长，交付时间时有拖延，甚至是不可控的，所以价格上做少许让步可以通过保证现金流来平衡。

如果客户是一家长期合作伙伴，你在提出这些要求的同时坦陈你的理由，客户一般是可以接受的。

二、技术条款

商务合同中的技术条款包括技术方案、上线时间、验收条款等，主要由公司技术实施部门与客户业务部门根据招标文件的相应条款，经双方协商认定后，写入商务合同中。

三、实施条款

商务合同的价格和技术谈判完成后，销售终于可以松一口气了。但对公司而言，这只是项目签约过程的结束和执行阶段的开始，签订购买合同只是销售的阶段性成果。换句话说，商务谈判只是利益测算的过程，而项目实施完成才是利益实现的结果。所以多数公司销售的奖金发放与项目的实施阶段挂钩是有道理的。

项目服务实施是商务合同中最难描述清楚的部分。在多数情况下，用户会对服务商提供的产品及服务实施有特定的要求，即使服务商有诸多类似的经历和经验，也难以覆盖用户服务实施要求的全部内容，以致在项目的实施过程中会有很多不确定因素。例如，实施过程中的需求更改、实施内容调整和项目交付时间变更等，这对服务商是一个不小的考验。

四、常见问题及其处理

在甲乙双方的项目合作中，服务商需要按计划实施项目以保证一定的利润，而客户一旦付费就需要获得收益，双方需要找到一个互惠互利的平衡点。大多数服务商会将这个平衡点视为项目实施的交付效率。

在现实中，找到这个平衡点的难度大大高于商务谈判。

（一）业务模式的理解

先看看下面这一案例。

案例（6-10）：业务流程梳理不清，降低了交付效率

有一年，一家业内具有多年实施服务能力的公司（乙方），签订了一个2,000多万元的大项目。合同中约定的项目实施周期为一年半，仅付款项就分了八期。由于这是一个拓新的应用项目，双方无法穷尽所有的项目实施条款。

乙方现场投入了20多个专业技术人员，开始搭建实施架构，由于对甲方的业务需求理解得不够透彻，仅按以往的经验值去设计。一个月后，甲方认为业务逻辑的框架设计得不合理，部分开发及实施结果无法接受，要求乙方返工。项目实施不久就出现这种情况，双方都很别扭。乙方重新部署、开发，再次进入实施后，依旧没有得到甲方的认可。

随后一年的项目实施过程中，双方不断出现需求沟通和理解方面的分歧，以致项目交付期不断延迟。在甲方的要求下，乙方换了三个项目经理，开了多次项目协调会，也没有新的突破。好在这个项目对双方都非常重要，在激烈的争吵后大家都能静下心来继续查找问题的缘由。在后面的实施过程中，双方都做出了努力，乙方聘请了熟悉甲方业务流程的专家帮助梳理需求，双方的主要领导也频繁沟通，几经周折终于找到了新的实施方法，项目终于在拖延一年后交付了，系统经过数月调试运营后通过了验收，项目上线后运营良好。

经过近两年的实施过程，双方就项目实施的难度和复杂性达成充分谅解。结果是甲方项目交付时间被大大延误，乙方也亏损了几百万元。

上述案例表明，对客户业务模式理解和梳理的程度，将直接影响项目的交付效率。事实上，这也是解决方案项目实施中最常见的问题。

（二）如何提升交付效率

提升服务项目的交付效率，是解决方案服务商的技术实施部门应持续探讨，也是公司管理层必须面对的问题。

行业资深专家认为，影响实施项目交付效率的主要原因有三。

1. 实施方法设计

首先，实施项目组要对甲方的业务流程有充分的了解，再对甲方的需求进行认真的梳理。在初始阶段，甲方对自己应用项目中的Want和Need，不一定能说得很清楚（参见第三关隘展现价值中的相关内容），会出现自己想要的和实际需要的不一致的现象。这里有两种情况，一是甲方认可乙方是专家，愿意接受乙方提出的建议；二是甲方坚持自己的想法是对的，要求乙方来实施即可。针对第一种情况，项目组必须了解甲方需求背后的需求，梳理清楚业务流程并写下来，反复与相关业务部门沟通，上会讨论评审通过后再实施。针对第二种情况，项目组需要重新审视甲方想法的科学性，合理部分可以采纳，如果发现有风险，要有理有据地提出，否则项目的交付期会被无限地延长。

2. 项目经理的能力

据说有的大项目在实施过程中，项目经理将任务划分成不同模块，分小组分头做实施过程中的内容开发。看似开发进度快了，但是如果项目架构设计有瑕疵，随后在各个模块衔接集成的测试中，会出现不少问题。项目小组觉得自己尽力了，但客户不满意，许多工作要重新开发，各个项目小组之间也产生了嫌隙。

事实上，成为一个称职的项目经理非常不容易。首先，业务能力要强，沟通能力要好，说服甲方接受的方式要得当；其次，有实施过大项目的历练，有预判问题的方法和解决问题的能力。所以说，好的项目经理是公司不可多得的财富。

3. 实施质量的把控

项目实施质量的好坏，多与用户的业务流程相关。而实施项目的交付时间是项目完成的"后墙"，与实施人员的调配有关。在项目实施过程中，甲方经常会抱怨乙方实施团队人员不稳定，如果乙方回应不及时，这种不满意将会延展发酵，变成甲方认为乙方对项目实施质量把控不力的指责。

简言之，为了保证项目实施的质量，关键问题是要有可以监测执行的实施流程。一是乙方要能提出有价值的论据，充分说明这种方法的有效性；二是根据实施方法，做好总体架构的设计，适时地调配实施人员，以保证项目实施的质量，提高公司的实施交付率。千万不要对客户提出的要求不做分析，就匆忙开工，这样做大概率会事倍功半。

（三）敢于做客户的引领者

1. 相信自己，勇于引领客户

如果公司是行业的领头羊，你是行业专家，实施方案得到客户认可的几率就高，此时还需要你敢于站出来引领客户。

以下是我经历过的一个案例。

案例（6-11）：我们能引领客户吗？

2020年，我所在的公司中标了一个国家级工程软件服务二期项目，管理层向实施人员强调如果项目成功，公司实施能力将提升到一个新高度，大家跃跃欲试。

项目的实施工程师分布在几个城市，由于疫情的原因，城市之间的往来受到极大的限制，刚刚解决完人员调配问题，又被要求实施现场封闭式管理，导致骨干技术人员无法正常流动，原先的实施计划被打乱，进度被拖延，出师不利。

这是公司战略层面的项目，管理层给予实施技术团队充分的信任，经过三个月的用户需求调研后，实施团队清晰地掌握了客户设计的业务流程，帮助客户完成了从 Want 到 Need 的观念转变。实施小组提出以一项业务流程引领的项目实施方法，反复与用户业务骨干沟通，共同完成了方案的初步设计，得到了业务部门的认可，双方拟定了实施进程的相关执行文件。

在项目的实施过程中，用户内部出现了两种声音：业务部门提出二期要构建新的业务协同平台，信息部门希望延续一期的应用，由于意见不一致，实施团队面临艰难的选择。

按照实施规划，项目上线的节点有所延误，客户高层领导直接询问我们能否按期上线。鉴于客户内部有不同的声音和想法，我恳请客户高层领导给我们一次单独向他汇报的机会，谁知他直接拒绝了我的要求，说，在一个大项目实施的过程中，哪有甲方乙方不吵架的呢？如果我们认为我们的想法是对的，就当着大家的面说出来。

我们抓住机会，向客户高层领导集体做了汇报，不仅展示了专业团队多年积累的实施经验，而且提出了一套基于客户业务流程的实施方法。经过一番现场争论，客户接受了我们的实施方法，甲乙双方达成了共识，项目得到有效推进。客户的认可给了我们引领客户走向双赢的机会。

2021年4月项目完成验收，得到了客户的好评。公司CTO告诉我，在项目实施过程中，方案设计的时长多于实施开发的时长，这在众多实施项目中极少出现，说明了我们实施方法的有效性。

以上案例给了我们一些很好的启示：（1）相信自己，坚持合作双赢的信念，该向客户提建议时要大胆地说，在争论中达成共识；（2）挑战自己，公司要持续发展，必须拿出让客户信服的实施方法；（3）展现价值，你是来帮助客户成功的，就要展现出自身的价值，高端客户需要这样的合作伙伴。

寻求发展的解决方案服务商，要勇敢探索，努力前行，在诸多项目的实施过程中不断总结经验，持续积累和迭代，找到一种基于客户业务流程的实施方法，尝试着去引领客户，实现合作双赢。"不经历风雨怎么见彩虹"，只有与高端客户共同成长，相辅相成，才能成为客户信赖的合作伙伴。

2. 积极进取，帮助客户提升价值

帮助客户提升价值并不是一件不可能完成的事。可以基于以下几个方面考虑：一是做什么，二是怎么做，三是要得到的结果是什么。

做什么，需要理解客户的业务需要，而不仅仅是听取客户想要的结果。应该从业务角度向客户提供多个解决方案选择项，帮助客户分析利弊，给出可行和最佳的选择建议，与客户充分沟通。

怎么做，以业务价值为导向，为客户规划通向价值之路，并协助客户落地。要敢于为客户提供专业化的建议，帮助客户做出符合实际的科学决策，帮助客户有效地执行以上决策，坚信我们才是这方面的专家。

要得到什么结果，理解行为与结果之间的区别，确定客户与我们合作期望获得的效果。与客户在识别和认知目标价值方面达成一致，使之理解项目的产出效果可以帮助客户提升总体价值。

罗马不是一天建成的，项目的获得和完成也不可能毕其功于一役。如果公司决策层能高度重视，设定目标，步调一致，周密部署，严格执行，在不久的将来一定会在熟悉的专业领域成为客户的引领者。

本章小结

获得承诺，既要得到客户对我们的承诺，也要兑现我们对客户的承诺。前者，需要经历竞标环节，要秉持合作双赢的心态与客户谈判，完成商务合同的签订，这是对销售和销售管理者的考验。后者，要以契约精神完成合同中约定服务项的交付，这是对销售人员、实施项目责任人和公司管理者的考验。

获得承诺是目标销售进程中的最后一个关隘。一旦我们在竞标过程中失手，前功尽弃，销售和公司都会很痛心，当然这个痛苦也有可能转化成一种经验和动力。而完成了签约，项目实施交付受阻，令客户失去耐心和信任，则会消耗掉公司更多资源，这个结果对公司而言可能是比丢单更大的挫败。

有人会觉得项目实施结果与目标销售无关，我不这样认为，因为获得承诺是公司整个销售项目过程的末端，如果解决方案销售不介入项目的实施环节，在以后的项目中，便难以找到对客户的代入感，从而影响客户信任的建立，制约锁定客户需求的节拍。如果说不清楚客户的需求，便无法确定痛点，又怎样将公司的价值展现给客户呢？项目的实施过程正是解决方案销售了解客户需求和痛点的重要关键环节，一同经历完整的项目过程，销售才能真正地了解客户。

解决方案销售是伴随公司成长而成长的，离开公司的平台，就如同植物缺少阳光和土壤一般。销售要牢记公司的价值和宗旨，时时以客户为中心，关注公司项目的实施过程，不断地从中获取养分，才能让自己变得越来越成熟和强大。

尾　声

目标销售的核心思想是目标拆解、进程管控、效率监测三位一体的销售体系和"过五关斩六将"的销售模式。主要观点包括：将解决方案销售的全过程拆解成不同的阶段；标明推进节点，设定阶段行动目标并进行管控；依据客户认知的时点，对销售进程中需要攻克的重要节点进行效率监测，确保销售进程有序向前推进。

主要章节完成后，还有几点心得和未尽事宜要在这里继续与大家分享。

"过五关斩六将"的目标销售	用工程项目管理理念管控销售进程	传统解决方案销售与互联网平台服务销售的关联与互补
☐ 知行合一	☐ 工程状态管理	☐ 互联网SaaS平台服务销售的特点
☐ 利出一孔	☐ 销售漏斗	☐ 互联网SaaS平台服务销售的执行
☐ 以外养内，"工夫在诗外"		☐ 传统销售与SaaS销售的互补

一、"过五关斩六将"的目标销售

经过反复思考，我将本书阐述的基本逻辑和需要执行的内容梳理清楚，并集中体现在一张图上，参见图7-1。

图7-1的左侧自下而上有四个条目，分别是客户旅程、销售进程、客户认知和销售目标。"客户旅程"表示客户采购要经历的五个阶段；"销售进程"是指在客户旅程中，销售要陪伴客户经历的16个推进节点；"客户认知"是指客户旅程中对服务商认知的五个时段；"销售目标"是针对客户五个认知时段销售人员需要跨越的五个关隘。自上而下每个时段的纵向链接分别显示彼此间的时空关系。

图7-1的中部有三条曲线，代表销售人员在销售进程中的能力差异，由低到高分别代表能力较差、一般和优秀，只有优秀者才能在竞争中稳居红海（大客户）的位置。"销售进程"的16个节点中有六个节点带星号☆，与优秀者曲线中的六个小方格■一一对应，代表要重点斩获的六将。

这些条目和曲线构成了目标销售"过五关斩六将"的全景执行概览。

在执行目标销售的过程中，还有几点要强调说明。

（一）知行合一

知行合一的理念是明朝思想家王阳明提出来的，意思是认知和实践要统一，以知促行，以行求知。我认为，解决方案销

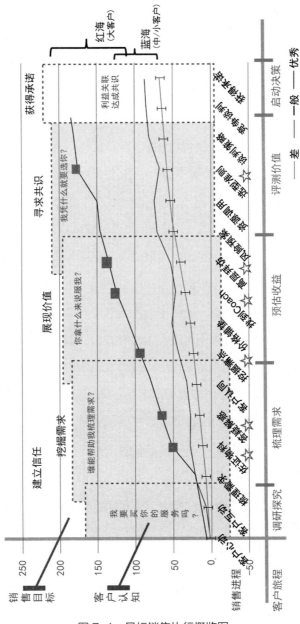

图 7-1　目标销售执行概览图

售与客户的关系也是一种"知"与"行"的关系，需要不断了解客户需求，制定正确的销售策略，与客户相互磨合、相互陪伴和相互成就，最终实现合作共赢。

1. 目标销售的"知"

要想赢得企业级的重要大客户，须在行动前做好各种功课，不打无准备之仗，是为"知"。要深入了解客户的立项过程，知晓客户的认知程度，还要掌握客户的选型构思。

2. 目标销售的"行"

面对激烈的竞争必须制定好的销售策略，扎实推进，步步为赢，是为"行"。首先，做到以客户为中心，并以客户认知变化为行动导向。其次，要具备应变能力，不断调整和矫正行进路线，保持与客户同频。最后，也是最重要的，根据客户的真实场景做好相应的部署和预案，确保在销售的每一场关键战役中准确发力，斩获关键的"六将"，以保证胜率。

以古代先哲的理念指导销售进程，将目标销售的核心思想体现在对"过五关斩六将"的过程管控和执行当中，做到有始有终，知行合一。

（二）利出一孔

春秋时期的管子在《管子·国蓄第七十三》中提到，"利出于一孔者，其国无敌；出二孔者，其兵不诎；出三孔者，不可以举兵；出四孔者，其国必亡"。讲的是集中发力和分散用力的不同结果，即集中力量才能办大事。

在大客户销售项目的漫长进程中，不同阶段会出现不同的问题。如果能在每个阶段及时发现和解决问题，或者知道如何去监测和判断，都会帮助项目向前推进；反之，便可能错失良机。目标销售执行中强调，销售要对项目状态全程把控，一旦觉察到自身解决问题的能力不足时，要及时寻求帮助，上下求索；销售管理者在接到销售"报警"时，要做出判断并提出相应的解决方法，帮助销售成长。现在大项目靠单打独斗赢单的机会越来越少，只有团队协作，才能真正做到利出一孔。

（三）以外养内，"工夫在诗外"

"工夫在诗外"，原是宋朝大诗人陆游在逝世的前一年写给儿子的一句诗，是在传授写诗的经验。意思是学习做诗，不能就诗论诗，而应把工夫下在诗歌之外的世界，到广阔的生活空间中汲取营养，开阔眼界。

我做互联网咨询企业的营销顾问时，发现公司的CEO经常冲在第一线做大客户销售，成单率很高。公司将她在销售过程中的用语整理成上万字的话术，让销售学习和使用，但成效甚微。经过具体案例的剖析，发现她成单的原因不完全取决于销售话术，而是基于多年的知识储备和对客户需求的认知深度。

《销售的革命》一书中有这样一段叙述：IBM将一支由销售和专家组成的队伍派到农业和制药业巨头公司。IBM卖的既不是硬件也不是软件，目的是探讨在绘制植物和动物细胞基因图谱时会遇到的基本问题。如果参与他们的讨论，你会觉得那根本不像是在做销售。然而，正是通过这些会议的业务沟通，IBM得到了几亿美元的合同。所以，大客户赢单并不单凭销售技巧和有效的话术，而是靠价值驱动。

本书中插入的案例多是我的亲身经历，根据行文需要也穿插了一些生活、工作中似乎与销售没有直接关联的案例，主要是想说明生活和销售是融会贯通的。好的销售应该先从做人开始，并能将生活和工作带来的体验融入销售历程中。比如，养成良好的沟通习惯和靠谱的工作作风，让自己和对方心情愉悦；通过真诚的态度和敬业的精神给客户留下好的印象，从而得到更多的认可；拥有感恩和谦卑之心，赢得贵人的青睐，以便得到更多的帮助，亦可谓"工夫在诗外"。

二、用工程项目管理理念管控销售进程

从事大型工业软件的解决方案销售多年，我会不自觉地将工程管理的理念运用到销售管理当中。在工程项目的状态管理中，会将产品工序拆解成不同的阶段，例如结构设计、性能分析、成品验证、上线测试等，并用成熟度来描述不同的阶段状态；会以"后墙"来表示约定项目的最后交付时间。

将其移植到销售进程中，状态管理便是对销售进程的阶段用百分比来表示，并用成熟度表示项目的进度；工程交付时间便是销售成单，按期交付即保证"后墙"不倒。将工程管理的这些概念植入到销售过程之中，目的是促进销售管理的改革与

进步，至少是对销售漏斗理念的有效补充。

在我做互联网 SaaS 应用服务企业营销顾问四年多的时间里，尝试将一些工程项目管理的方法、概念与销售漏斗、客户旅程的理念相结合，搭建了适合这家公司销售进程的管控模型，经过近三年的实战演练不断优化，取得了不错的效果。

如果公司决策层将大的销售项目都看作"重大工程"，用工程管理的思路对项目进度、阶段任务完成质量加以判断，并提出相应的检验方法和应对举措，必然会领略不一样的风景，也会有意想不到的收获。

三、传统解决方案销售与互联网平台服务销售的关联与互补

（一）互联网 SaaS 平台服务销售的特点

互联网 SaaS 服务企业有两大类，一类是应用服务，一类是平台服务。前一类以工具服务为主，帮助企业降本增效，与客户的业务关联度不高，黏度较低。后一类以平台服务为主，辅助客户提升竞争能力，初期销售很复杂，专业程度要求高，赢单取决于客户的黏度。

我所服务的企业属于后一类，与传统的解决方案销售很类似，比如项目推进的进程大体一致。不同点在于，一是项目成交周期短，客单价低，预测并跟踪项目的数量是传统解决方案销售的好几倍，必须要在规定的时间内取得客户的认同，需要

尽快地提供专业化、规范化的解决方案。二是大部分都属于初创企业，销售队伍普遍经验不足，做销售培训非常吃力。

（二）互联网 SaaS 平台服务销售的执行

由于新岗位的需要，我开始学习互联网行业的销售理念，其中《硅谷蓝图》让我收益颇多。根据互联网服务企业销售频次快、成单周期短的特点，我认为销售管理需要做好三项工作：一是以客户为中心，掌握客户旅程和客户认知的特征属性；二是设计先行，摸索出适合自己的销售模式，并对进程进行管控；三是构建自学性（激发自我驱动的学习意愿，营造自我提升的成长氛围）销售组织，强调执行手段和有效监测，追求规模化效应。

互联网企业对销售转化数据非常重视，导致销售管理有三大难点。第一，销售模型的有效性，这与销售频次较快有关；第二，销售推进过程的监测和执行，这与销售阶段转换率有关；第三，将互联网工具使用最大化，这与内容质量和成单效率有关。在 CEO 的倡导下，我边学习边实践，通过扎实的基础工作积累了一些有效数据，对前两项管理难点有了一些解法。

1. 销售 SOP（标准作业流程）

要根据客户旅程的五个阶段的场景，分别设定阶段目标，输出相关物料，列出升降阶条件，测算阶段转化率，保证销售在正确的道路上行进，同时不断监测销售模型的有效性。

2. 销售效率监测

预判五个阶段中可能遇到的几个关键问题，设定成雷达图的模型进行效率监测，培养销售对项目进程的自行判断，提升自主推进的意识，提升销售成单率。

3. 让 CRM 成为销售效率的辅助工具

互联网企业发展到一定阶段，几乎没有一家公司不采用CRM 系统，但多数公司只把它作为统计工具使用，而我们则努力将销售SOP 和销售自检雷达图模型嵌入其中，使之成为效率工具，驱动企业销售体系的建立。

（三）传统销售与 SaaS 销售的互补

互联网SaaS平台服务企业销售的特点使其更加注重销售模式的建立与执行。三年前我所服务公司的CEO 提出"初创时，人建立制度；成长中，人和制度并存；成熟时，通过制度管人"的管理理念，并要求基于这一理念制定销售模式三部曲。在执行过程中又提到，"看看一年前的销售打法，感觉惨不忍睹，说明我们进步了"。三年后，这家企业已经进入人与制度并存的阶段，并通过CRM 系统来监测执行，基本做到销售进程可控。

上面谈到互联网平台服务企业销售管理的三个难点：模型、监测和工具。其实，在传统解决方案销售管理上也面临同样的问题，只是互联网企业发展速度快，且存活率比传统解决方案销售公司低得多，直接将上述问题放大了。

传统解决方案的销售业态（成熟度）和管理意识已然成型，但在销售管理上各有千秋，在执行细节上参差不齐。项目推进快慢好坏多依据销售总监的经验和主观判断得出，导致一些好的方法不能留存下来。企业规模发展到一定程度，项目太多，在销售预测的准确度和项目推进的把控方面难免会出问题。当然，传统解决方案销售的项目金额大，成单周期长，如果前面做不好，后面可能还有补救的机会，这可能是大多数销售管理者只考虑项目的输赢，不重视销售项目进程把控的主要原因。

互联网SaaS企业目标客户群体体量大，企业发展快且存活率低，危机感较强，以致有互联网销售大咖提出"无标准，不复制"的理念，更加注重目标销售的标准打法，并以此训练销售员工，这也是传统解决方案销售应该借鉴的地方。

我认为，传统解决方案销售的销售管理框架可以在互联网平台服务企业延用，而互联网平台服务企业的销售模型、项目把控的监测举措、互联网工具和资源的调用等，两者可以兼容并蓄。传统解决方案销售可以根据公司的销售项目场景，精简后选择使用。

（四）销售模型的建立与训练

互联网企业非常注重销售训练，每周至少要进行一次销售场景模拟演练。而解决方案销售过程是一场靠细节取胜的战斗，需要将任务拆分成可以掌控的节点，并对每个节点的行动效果进行监测。如果能将这些执行中的细节用模型来描述和监测，让销售和销售管理者形成有效互动，并在实战中不断积累和优化，这一定是件"善莫大焉"的事。目标销售中"过五关"正是基于这种销售模型的构想，"斩六将"则是对这种销售模型中一些关键节点的落地实践。

与一般人的理解不同，我认为在与对手过招的某个回合，只用一种武器就能克敌制胜的便是高手；用两种以上的武器击败对手的只能算是优胜者；倘若用三种以上的武器才能将对手绞杀，至多算得上是一名勇士。在销售进程的每一关隘中，一定要找到斩获"将"的那种特殊武器，争取一招制胜，而不是要求十八般武艺样样精通。

综上，基于销售模型的目标训练极为重要。

希望读者在阅读过程中跟随我一同领略"过五关斩六将"的精彩，体会职业销售在职场冲锋陷阵、一路拼搏的豪迈。有些人读书追求的是实用，目的是尽快找到行之有效的方法，立竿见影。但在这个充满不确定性的年代，所有的答案都不会在书中简单呈现。建议大家根据所处的场景将书中阐述的理论灵活运用，而不是生搬硬套。衷心地希望销售人员能通过阅读激发灵感，学会思考和总结，不断提升目标意识和销售水平，在学习、借鉴和实践中百炼成钢。

后　记

几年前，一位特别值得尊重的朋友在聊天中问我，"你一生中实现了哪些人生目标？"这句话让我心里一紧，不免有些惭愧。一是我的主要经历与学业无关；二是30多年的职场生涯虽有亮点，却没有什么值得炫耀的成就，我带出来的许多人都比我优秀；三是没有制定过什么人生规划。我面带愧色地回答朋友的提问后，他说，"你在所从事的行业中得到绝大多数人的认可，也算是你人生的成就。"感谢朋友的肯定，细细地想一下，我在职场上遇到过很多坎坷，也得到过许多贵人的帮助，一步一个脚印地走到了今天的确不容易。

人生中最大的转折当属1977年的冬天，我勇敢地迈进考场，成了恢复高考后的第一届"七七级"大学生。1986年，我凭借一种初生牛犊不怕虎的大无畏精神懵懵懂懂地闯入销售职场，在实践中逐渐积累了一定的经验，有了逢山开路，遇水架桥的勇气；受到专业销售训练后，通过使用策略销售的方式，建立了摧城拔寨的信心。2014年后，我身先士卒，探索用目标销售的方法拓展行业大客户，对如何提升销售效率有了新的体会。通过不断总结和历练，具有独创性的"目标销售"理念越发成熟起来。近四年来，我做销售顾问，用目标销售的方法去训练和指导销售，并将其操作流程嵌入CRM中进行提炼和迭代，以帮助年轻销售人员快速成长，有了许多新的感悟。扪心自问，我并不是最出色的，但却是对自己要求最严格、做事最用心的那个人。我坚信只要坚持和努力，就一定会有收获。经过不断摸索和总结，终于有了一些心得，整理成文，体现在本书的字里行间。

最后是感谢的话。首先要感谢时代，没有中国的改革开放，就没有我的今天。一路走来，要感谢的人太多了。感谢中国科学院软件研究所许龙山研究员，他接纳了我，随后推荐我到外企工作，让我有了最初12年的外企工作经历。感谢美国康柏（中国）投资有限公司原总裁谢克人等几任领导，给了我商场历练和能力提升的机会，让我更加自信。感谢安托集团创始人林福孙先生给我提供了良好的发展平台，感谢现任董事长王义华先生，他的气度格局以及对我的信任，让我有了在销售管理岗位上十五年尽忠职守的实践。感谢北京易参科技有限公司创始人兼CEO黄怡然女士聘请我担任营销顾问，促使我对互联网平台服务企业不断深入了解，弥补了自己的知识短板，并将三十余年职场经验和目标销售方法在实战中不断总结和完善，有了写这本书的底气。感谢我的夫人刘长敏教授，她帮助我下定决心对自己的职业生涯进行总结和升华，写成一本书以提携后来者。在后期的修改中，她作为第一读者提出了不少宝贵的修改建议和意见。

还要郑重地感谢电子工业出版社对本书选题的认可，责任编辑张振宇先生不厌其烦地指点迷津，精益求精地帮助我完成了人生的第一本书稿。感谢中科软科技股份有限公司总裁左春先生、法国达索系统公司大中国区副总裁程曙光先生、硅谷销售研究院创始人蔡勇先生接受邀请，为本书撰写了推荐语，你们的肯定是对我最大的鼓励。

最后，我要真诚地感谢我的父母，你们养育了我，给予我物质条件的满足和很好的品德教育，我爱你们。光阴荏苒、岁月如梭，回顾过往，需要感谢的人太多了，实在无法一一列举和致谢，好在不少贵人的身影已永远与我同在，留存在本书的文字当中。

本书的写作让我对生命有了新的感悟，人生是一个不断挑战自我的过程。只要有理想肯努力，就一定会有收获。认真做好一件事，便会有不一样的人生。

黄平

2022 年 5 月于京西寓所